**Papst Franziskus
Betet für mich!**

Papst Franziskus

Betet für mich!

Impulse

benno

Bibliografische Information der Deutschen Nationalbibliothek
Die Deutsche Nationalbibliothek verzeichnet diese Publikation
in der Deutschen Nationalbibliografie; detaillierte bibliografische
Daten sind im Internet über http://dnb.d-nb.de abrufbar.

Besuchen Sie uns im Internet unter:
www.st-benno.de

Gern informieren wir Sie unverbindlich und aktuell
auch in unserem Newsletter zum Verlagsprogramm,
zu Neuerscheinungen und Aktionen.
Einfach anmelden unter www.st-benno.de.

Alle Texte: © Libreria Editrice Vaticana, città del Vaticano
Fotos: S. 7, 23, 30, 75 © picture-alliance/dpa
S. 15, 106 © KNA-Bild
S. 46, 51 © L'Osservatore Romano

ISBN 978-3-7462-3770-1

© St. Benno-Verlag GmbH, Leipzig
Umschlaggestaltung: Ulrike Vetter, Leipzig
Umschlagabbildung: © L'Osservatore Romano
Gesamtherstellung: Kontext, Lemsel (A)

Inhalt

Betet für mich! 6

Franziskus. Ein Name, eine Vision 8

Von der Barmherzigkeit leben wir 14

Lasst uns Nachfolger Jesu,
     nicht Nachrücker sein 24

Der Heilige Geist weht, wo er will 43

Von seiner Hoffnung leben wir 49

Maria, Mutter Gottes, bitte für uns alle! 57

Die Kirche ist keine
     Nichtregierungsorganisation 66

Lasst uns Hüter der Schöpfung sein 105

Betet für mich!

Und jetzt beginnen wir diesen Weg – Bischof und Volk –, den Weg der Kirche von Rom, die den Vorsitz in der Liebe führt gegenüber allen Kirchen; einen Weg der Brüderlichkeit, der Liebe, des gegenseitigen Vertrauens. Beten wir immer füreinander. Beten wir für die ganze Welt, damit ein großes Miteinander herrsche. Ich wünsche euch, dass dieser Weg als Kirche, den wir heute beginnen [...], fruchtbar sei für die Evangelisierung dieser schönen Stadt.

Und nun möchte ich den Segen erteilen, aber zuvor bitte ich euch um einen Gefallen. Ehe der Bischof das Volk segnet, bitte ich euch, den Herrn anzurufen, dass er mich segne: das Gebet des Volkes, das um den Segen für seinen Bischof bittet. In Stille wollen wir euer Gebet für mich halten.

Apostolischer Segen »Urbi et Orbi« / Erste Grußworte von Papst Franziskus am 13. März 2013

Die ersten Bilder des neu gewählten Papstes auf der Loggia des Petersdomes am 13. März 2013.

Franziskus
Ein Name, eine Vision

Es hilft mir,
an den Namen Franziskus zu denken:
Franziskus lehrt
eine tiefgreifende Achtung.

*Ansprache beim Empfang des
Diplomatischen Korps am 22. März 2013*

Manche wussten nicht, warum der Bischof von Rom sich Franziskus nennen wollte. Einige dachten an Franz Xaver, an Franz von Sales und auch an Franz von Assisi. Ich erzähle Ihnen eine Geschichte. Bei der Wahl saß neben mir der emeritierte Erzbischof von São Paolo und frühere Präfekt der Kongregation für den Klerus, Kardinal Claudio Hummes – ein großer Freund, ein großer Freund! Als die Sache sich etwas zuspitzte, hat er mich bestärkt. Und als die Stimmen zwei Drittel erreichten, erscholl der übliche Applaus, da der Papst gewählt war. Und er umarmte, küsste mich und sagte mir: »Vergiss die Armen nicht!« Und da setzte sich dieses Wort in mir fest: die Armen, die Armen. Dann sofort habe ich in Bezug auf die Armen an Franz von Assisi gedacht. Dann habe ich an die Kriege gedacht, während die Auszählung voranschritt bis zu allen Stimmen. Und Franziskus ist der Mann des Friedens. So ist mir der Name ins Herz gedrungen: Franz von Assisi. Er ist für mich der Mann der Armut, der Mann des Friedens, der Mann, der die Schöpfung liebt und bewahrt. Gegenwärtig haben auch wir eine nicht sehr gute Beziehung zur Schöpfung, oder? Er ist der Mann, der uns diesen Geist des Friedens gibt, der Mann der

Armut. ... Ach, wie möchte ich eine arme Kirche
für die Armen! Einige haben dann verschiedene
scherzhafte Bemerkungen gemacht. »Aber du
müsstest dich Hadrian nennen, denn Hadrian VI.
war der Reformer; es braucht Reformen ...« Ein
anderer sagte mir: »Nein, nein, dein Name müsste Clemens sein.« »Aber warum?« »Clemens XV.:
So rächst du dich an Clemens XIV., der den Jesui-
tenorden aufgehoben hat.« Es sind Scherze ...

Audienz für Medienvertreter am 16. März 2013

Wie Sie wissen, gibt es mehrere Gründe,
warum ich bei der Wahl meines Namens
an Franziskus von Assisi gedacht habe – eine
Persönlichkeit, die über die Grenzen Italiens
und Europas hinaus und auch bei denen, die
nicht den katholischen Glauben bekennen,
wohlbekannt ist. Einer der ersten Gründe ist die
Liebe, die Franziskus zu den Armen hatte. Wie
viele Arme gibt es noch in der Welt! Und welchen Leiden sind diese Menschen ausgesetzt!
Nach dem Beispiel des heiligen Franziskus von
Assisi hat die Kirche immer versucht, sich in

jedem Winkel der Erde um die Notleidenden zu kümmern, sie zu behüten, und ich denke, dass Sie in vielen Ihrer Länder das großherzige Wirken jener Christen feststellen können, die sich engagieren, um den Kranken, den Waisen, den Obdachlosen und allen Ausgegrenzten zu helfen, und die so daran arbeiten, menschlichere und gerechtere Gesellschaften aufzubauen.

Doch es gibt auch noch eine andere Armut! Es ist die geistliche Armut unserer Tage, die ganz ernstlich auch die Länder betrifft, die als die reichsten gelten. Es ist das, was mein Vorgänger, der liebe und verehrte Benedikt XVI., »Diktatur des Relativismus« nennt und was jeden sein eigener Maßstab sein lässt und so das Zusammenleben unter den Menschen gefährdet. Und damit komme ich zu einem zweiten Grund für meinen Namen. Franziskus von Assisi sagt: Arbeitet, um den Frieden aufzubauen! Aber es gibt keinen wahren Frieden ohne Wahrheit! Es kann keinen wahren Frieden geben, wenn jeder sein eigener Maßstab ist, wenn jeder immer und einzig sein eigenes Recht einfordern kann, ohne sich gleichzeitig um das Wohl der anderen − aller − zu kümmern, angefangen von der Natur, die alle Menschen auf dieser Welt verbindet.

Einer der Titel des Bischofs von Rom ist Ponti-
fex, das heißt Brückenbauer – Brücken zu Gott
und zwischen den Menschen. Ich wünsche mir
wirklich, dass der Dialog zwischen uns dazu
beiträgt, Brücken zwischen allen Menschen zu
bauen, so dass jeder im anderen nicht einen
Feind, einen Konkurrenten sieht, sondern einen Bruder, den er annehmen und umarmen
soll! Außerdem drängt mich meine eigene Her-
kunft dazu, Brücken zu bauen. Wie Sie wissen,
kommt ja meine Familie aus Italien; und so ist
in mir stets dieser Dialog zwischen Orten und
Kulturen lebendig, die voneinander entfernt
sind – zwischen dem einen und dem anderen
Ende der Erde, die heute einander immer näher rücken, voneinander abhängig sind, es nötig haben, einander zu begegnen und wirkliche
Räume echten Miteinanders zu schaffen.
Grundlegend in diesem Werk ist auch die Rolle
der Religion. Man kann nämlich keine Brücken
zwischen den Menschen bauen, wenn man Gott
vergisst. Doch es gilt auch das Gegenteil: Man
kann keine wahre Verbindung zu Gott haben,
wenn man die anderen ignoriert. Darum ist es
wichtig, den Dialog zwischen den verschiedenen Religionen zu verstärken – ich denke be-

sonders an den mit dem Islam –, und ich habe
die Anwesenheit vieler ziviler und religiöser
Autoritäten der islamischen Welt bei der Messe zu meiner Amtseinführung sehr geschätzt.
Und es ist auch wichtig, die Gegenüberstellung
mit den Nichtgläubigen zu intensivieren, damit niemals die Unterschiede, die trennen und
verletzen, überhand nehmen, sondern bei aller
Verschiedenheit doch der Wunsch überwiegt,
wahre Bindungen der Freundschaft zwischen
allen Völkern aufzubauen.

Die materielle wie die geistliche Armut bekämp-
fen, Frieden schaffen und Brücken bauen – das
sind gleichsam die Bezugspunkte eines Weges,
den mitzugehen ich jedes der Länder, die Sie
vertreten, einlade. Das ist jedoch ein schwieri-
ger Weg, wenn wir nicht immer mehr lernen,
diese unsere Erde zu lieben. Auch in diesem Fall
hilft es mir, an den Namen Franziskus zu denken, der eine tiefgreifende Achtung gegenüber
der gesamten Schöpfung und die Bewahrung
dieser unserer Umwelt lehrt, die wir leider allzu oft nicht zum Guten gebrauchen, sondern sie
gierig ausbeuten zum gegenseitigen Schaden.

Audienz für das am Heiligen Stuhl akkreditierte
Diplomatische Korps am 22. März 2013

Von der Barmherzigkeit leben wir

Das Sich-Kümmern,
das Hüten verlangt Güte,
es verlangt,
mit Zärtlichkeit
gelebt zu werden.

Predigt zur Messe zu Beginn
des Petrusdienstes am 19. März 2013

Ein Geste mit Symbolkraft ist die Fußwaschung des Papstes, der am Gründonnerstag, 28. März 2013, im römischen Jugendgefängnis »Casal del Marmo« Jugendlichen die Füße wäscht.

Das ist bewegend: Jesus wäscht seinen Jüngern die Füße. Petrus verstand gar nichts, er verweigerte es. Aber Jesus hat es ihm erklärt. Jesus – Gott – hat das getan! Und er selbst erklärt den Jüngern: »Begreift ihr, was ich für euch getan habe? Ihr sagt zu mir Meister und Herr, und ihr nennt mich mit Recht so; denn ich bin es. Wenn nun ich, der Herr und Meister, euch die Füße gewaschen habe, dann müsst auch ihr einander die Füße waschen. Ich habe euch ein Beispiel gegeben, damit auch ihr so handelt, wie ich an euch gehandelt habe« (Joh 13,12b-15). Es ist das Vorbild des Herrn. Er ist der Wichtigste und ... wäscht die Füße. Denn unter uns muss der, welcher der Höchste ist, den anderen zu Diensten sein. Und das ist ein Symbol, ein Zeichen, nicht wahr? Die Füße waschen bedeutet: Ich bin dir zu Diensten. Und auch wir, unter uns – nicht dass wir jeden Tag einander die Füße waschen müssen –, aber was bedeutet dies? Dass wir einander helfen müssen, einer dem andern. Manchmal habe ich mich geärgert über den einen, über die andere ... aber ... lass es gut sein. Lass es gut sein, und wenn er dich um einen Gefallen bittet, tu es. Uns gegenseitig helfen: Das ist es, was Jesus uns lehrt, und das ist es, was ich tue. Und ich tue es von Herzen, denn es ist meine Pflicht. Als Priester und als Bischof muss ich euch zu Diensten sein. Aber es ist eine Pflicht, die mir aus dem Herzen kommt: ich liebe es. Ich liebe es, und liebe, es zu tun, denn so hat es mich der Herr gelehrt. Aber auch ihr: Helft uns, helft uns immer! Einer dem andern. Und wenn wir so einander helfen, tun wir einander Gutes. Jetzt vollziehen wir diese Zeremonie der Fußwaschung, und denken wir – jeder von uns denke darüber nach: »Aber ich, bin ich wirklich bereit zu dienen, dem andern zu helfen?« Denken wir nur an das. Und denken wir, dass dieses Zeichen eine Liebkosung Jesu ist, die Jesus gibt, weil er genau dafür gekommen ist: um zu dienen, um uns zu helfen.

Predigt in der Jugendstrafanstalt Casal del Marmo
in Rom am 28. März 2013

Denkt an das Gerede nach der Berufung des Matthäus: »Aber dieser da gibt sich mit Sündern ab!« (vgl. Mk 2,16). Er aber ist für uns gekommen, wenn wir zugeben, dass wir Sünder sind. Doch wenn wir sind wie jener Pharisäer vor dem Altar – »Ich danke dir, Herr, dass ich nicht bin wie all die anderen Menschen und auch nicht wie der da an der Tür, wie dieser Zöllner« (vgl. Lk 18,11-12) –, dann kennen wir nicht das Herz des Herrn und werden niemals die Freude haben, diese Barmherzigkeit zu spüren!

Es ist nicht leicht, sich der Barmherzigkeit Gottes anzuvertrauen, denn das ist ein unergründlicher Abgrund. Aber wir müssen es tun! »Oh, Pater, würden Sie mein Leben kennen, dann würden Sie nicht so mit mir reden!« – »Wieso? Was hast du getan?« – »Oh, ich habe Schlimmes getan!« – »Um so besser! Geh zu Jesus: Ihm gefällt es, wenn du ihm diese Dinge erzählst!« Er vergisst, er hat eine ganz besondere Fähigkeit, zu vergessen. Er vergisst, küsst dich, schließt dich in seine Arme und sagt dir nur: »Auch ich verurteile dich nicht. Geh und sündige von jetzt an nicht mehr!« (Joh 8,11). Nur diesen Rat gibt er dir.

Einen Monat später sind wir wieder in derselben Lage ... Kehren wir zum Herrn zurück! Der

Herr wird niemals müde zu verzeihen: niemals!
Wir sind es, die müde werden, ihn um Vergebung zu bitten! Erbitten wir also die Gnade,
dass wir nicht müde werden, um Vergebung zu
bitten, denn er wir nie müde zu verzeihen. Bitten wir um diese Gnade!

Predigt zur Eucharistiefeier in der Pfarrei Sant'Anna
im Vatikan am 17. März

Doch die Barmherzigkeit Jesu ist nicht nur ein
Gefühl, sie ist eine Kraft, die Leben schenkt,
die den Menschen erweckt! Das sagt uns das
heutige Evangelium in der Begebenheit mit der
Witwe von Naïn (Lk 7,11–17). Denn zusammen
mit seinen Jüngern erreicht Jesus gerade in dem
Moment Naïn, einen Ort in Galiläa, als eine Be-
gräbnisfeier stattfindet: man trägt einen jungen
Mann zu Grabe, den einzigen Sohn einer Witwe. Der Blick Jesu heftet sich sogleich auf die in
Tränen aufgelöste Mutter. Der Evangelist Lukas
sagt: »Als der Herr die Frau sah, hatte er Mitleid
mit ihr« (V. 13). Dieses »Mitleid« ist die Liebe
Gottes zum Menschen, es ist die Barmherzig-

keit, das heißt die Haltung Gottes, wenn er auf das menschliche Elend trifft, auf unsere Schwäche, auf unser Leiden, auf unsere Angst. Der biblische Begriff des »Mitleids« ruft das innerste Fühlen einer Mutter in Erinnerung: die Mutter nämlich verspürt angesichts des Schmerzes der Kinder eine ganz eigene Reaktion. So liebt uns Gott, sagt die Schrift. Und was ist die Frucht dieser Liebe, dieser Barmherzigkeit? Das Leben! Jesus sagte zur Witwe von Naïn: »Weine nicht!«, und dann rief er den toten jungen Mann und erweckte ihn wie vom Schlaf (vgl. V. 13–15). Bedenken wir dies, das ist schön: die Barmherzigkeit Gottes schenkt dem Menschen Leben, sie erweckt ihn vom Tod. Der Herr blickt immer mit Barmherzigkeit auf uns; vergessen wir das nicht, er blickt immer mit Barmherzigkeit auf uns, er erwartet uns mit Barmherzigkeit. Haben wir keine Angst, uns ihm zu nähern! Er hat ein barmherziges Herz! Wenn wir ihm unsere inneren Verletzungen zeigen, unsere Sünden, vergibt er uns immer. Er ist reine Barmherzigkeit! Gehen wir zu Jesus!

Angelusgebet am 9. Juni 2013

Es beeindruckt die Haltung Jesu: wir hören keine Worte der Verachtung, wir hören keine Worte der Verdammung, sondern nur Worte der Liebe, der Barmherzigkeit, die zur Umkehr auffordern. »Auch ich verurteile dich nicht. Geh und sündige von jetzt an nicht mehr!« (V. 11). Ja, Brüder und Schwestern, das Gesicht Gottes ist das eines barmherzigen Vaters, der immer Geduld hat. Habt ihr an die Geduld Gottes gedacht, die Geduld, die er mit einem jeden von uns hat? Das ist seine Barmherzigkeit. Immer hat er Geduld, Geduld mit uns, er versteht uns, er wartet auf uns, er wird es nicht müde, uns zu vergeben, wenn wir es verstehen, reuigen Herzens zu ihm zurückzukehren. »Groß ist die Barmherzigkeit des Herrn«, sagt der Psalm. Ein wenig Barmherzigkeit macht die Welt weniger kalt und viel gerechter. Wir haben es notwendig, diese Barmherzigkeit Gottes gut zu verstehen, dieses barmherzigen Vaters, der so viel Geduld hat ... Wir erinnern uns an den Propheten Jesaja, der sagt: Wären unsere Sünden auch rot wie Scharlach, so würde sie die Liebe Gottes weiß wie Schnee machen. Schön ist das, das mit der Barmherzigkeit!

Gerade als ich Bischof geworden war, im Jahr

1992, ist die Gottesmutter von Fatima nach Buenos Aires gekommen, und es wurde eine große Messe für die Kranken gefeiert. Ich bin zu jener Messe gegangen, um Beichte zu hören. Und fast am Schluss der Messe bin ich aufgestanden, weil ich eine Firmung spenden musste. Da ist eine alte, einfache, sehr einfache Frau zu mir gekommen, die über achtzig war. Ich habe sie angeschaut und zu ihr gesagt: »Nonna – denn bei uns sagt man so zu den alten Leuten: Nonna – wollen Sie beichten?« »Ja«, sagte sie mir. »Aber wenn Sie nicht gesündigt haben ...« Und sie hat mir erwidert: »Alle haben wir Sünden ...« »Doch vielleicht vergibt sie der Herr nicht ...« »Der Herr vergibt alles«, antwortete sie mir mit Überzeugung. »Frau, wie aber können Sie das wissen?« »Wenn der Herr nicht alles vergäbe, gäbe es die Welt nicht.« Ich hätte sie gerne gefragt: »Sagen Sie mir, liebe Frau, haben Sie an der Gregoriana studiert?«, denn das ist die Weisheit, die der Heilige Geist gibt: die innere Weisheit, die zur Barmherzigkeit Gottes führt.

Angelusgebet am 17. März 2013

Papst Franziskus fordert im Treffen mit den Medienvertretern aus aller Welt am 16. März 2013 eine arme Kirche für die Armen der Welt. Lächelnd empfängt er den blinden Radiojournalisten Alessandro Forlani mit seiner Begleiterin Asia.

Lasst uns Nachfolger Jesu, nicht Nachrücker sein

Christus folgen,
ihn begleiten, bei ihm bleiben,
das erfordert ein »Herausgehen«:
herauszugehen aus sich selbst,
aus einer müden
und von Gewohnheit geprägten Weise,
den Glauben zu leben.

Ansprache bei der Generalaudienz
am 27. März 2013

Gott ist der Lebende, er ist der Barmherzige. Jesus bringt uns das Leben Gottes, der Heilige Geist führt uns in die lebendige Beziehung der Gotteskindschaft ein und erhält uns darin. Doch oft – das wissen wir aus Erfahrung – wählt der Mensch nicht das Leben, nimmt das »Evangelium des Lebens« nicht an, sondern lässt sich von Ideologien und Logiken leiten, die dem Leben Hindernisse bereiten, es nicht respektieren, weil sie vom Egoismus, vom Eigennutz bestimmt und auf Gewinn, Macht und Genuss ausgerichtet sind und nicht von der Liebe und dem Bemühen um das Wohl des anderen ausgehen. Das ist die beständige Illusion, die Stadt des Menschen ohne Gott aufbauen zu wollen, ohne das Leben und die Liebe Gottes – ein neuer Turmbau zu Babel; es ist die Meinung, die Ablehnung Gottes, der Botschaft Christi, des Evangeliums des Lebens, führe zur Freiheit, zur vollkommenen Selbstverwirklichung des Menschen. Das Ergebnis ist, dass an die Stelle des lebendigen Gottes menschliche und vergängliche Götzen treten, die einen Augenblick des Freiheitsrausches bieten, am Ende aber neue Versklavungen und Tod bringen. Die Weisheit des Psalmisten sagt:

»Die Befehle des Herrn sind richtig, sie erfreuen das Herz; das Gebot des Herrn ist lauter, es erleuchtet die Augen« (Ps 19,9). Erinnern wir uns immer: der Herr ist der Lebende, er ist barmherzig. Der Herr ist der Lebende, er ist barmherzig.

Schauen wir auf Gott als den Gott des Lebens, betrachten wir sein Gesetz, die Botschaft des Evangeliums als einen Weg der Freiheit und des Lebens. Der lebendige Gott macht uns frei! Sagen wir ja zur Liebe und nein zum Egoismus, sagen wir ja zum Leben und nein zum Tod, sagen wir ja zur Freiheit und nein zur Versklavung durch die vielen Götzen unserer Zeit; in einem Wort: Sagen wir ja zu Gott, der Liebe, Leben und Freiheit ist und niemals enttäuscht (vgl. 1 Joh 4,8; Joh 11,25; Joh 8,32), zu Gott dem Lebenden und dem Barmherzigen. Allein der Glaube an den lebendigen Gott rettet uns – der Glaube an den Gott, der uns in Jesus Christus sein Leben geschenkt hat mit der Gabe des Heiligen Geistes und als wahre Kinder Gottes mit seiner Barmherzigkeit leben lässt. Dieser Glaube macht uns frei und glücklich. Bitten wir Maria, die Mutter des Lebens, dass sie uns helfe, das »Evangelium des Lebens« immer anzunehmen und zu bezeugen. So sei es.

Predigt am Tag der Enzyklika »Evangelium Vitae«
am 16. Juni 2013

Jesus Christus »wird wiederkommen in Herrlichkeit, zu richten die Lebenden und die Toten«. Es gibt eine gewisse Gefahr, besonders das Jüngste Gericht in unserem Glaubensleben außer Acht zu lassen. Und doch hat Jesus mehrfach in seinen Gleichnissen über diese Wirklichkeit gesprochen. Wir leben in einer Zeit des Wartens auf den wiederkommenden Herrn mit der Verpflichtung, mit brennenden Lampen, d.h. mit dem Feuer der Liebe für ihn bereit zu sein. Am Ende der Zeiten wird er von uns Rechenschaft verlangen, ob wir versucht haben, die Gaben Gottes fruchtbar werden zu lassen für uns, für ihn, für die Kirche, für die Mitmenschen. Im Gleichnis vom Weltgericht, das wir eben gehört haben, wird uns vor Augen geführt, wie Christus als Hirte am Ende der Zeiten die Guten von den Bösen trennt. Das ewige Leben erhalten jene, die den Mitmenschen – und in ihnen geheimnisvoll Christus – Liebe erwiesen haben, indem sie Gottes Liebe in sich Raum gaben. Aus uns selbst können wir nichts tun. Gott kommt uns mit seiner Gnade und Liebe immer zuvor. Öffnen wir uns dieser Liebe. Die Wirklichkeit des Jüngsten Gerichts soll uns nie verzagt oder ängstlich machen, sondern vielmehr anspornen, besser zu leben und zu Zeugen der Liebe Gottes zu werden, besonders für die Armen und Schwachen.

Ansprache bei der Generalaudienz am 24. April 2013

Wer ist am wichtigsten? Jesus. Wenn wir vorangehen mit der Organisation, mit anderen Dingen – auch schönen Dingen –, aber ohne Jesus, dann kommen wir nicht voran, das funktioniert nicht. Jesus ist wichtiger. Jetzt ... möchte ich einen kleinen Vorwurf aussprechen, aber brüderlich, unter uns: Ihr alle habt auf dem Platz gerufen: »Franziskus, Franziskus, Papst Franziskus!« Aber Jesus, wo war er? Ich hätte gewollt, dass ihr gerufen hättet: »Jesus, Jesus ist

der Herr, und er ist wirklich mitten unter uns!«
Von jetzt an nicht mehr: »Franziskus«, sondern:
»Jesus«!

Meine Erfahrung ist das, was ich vor dem Tabernakel erfahre, wenn ich gehe, um am Abend
vor dem Herrn zu beten. Manchmal nicke ich
ein wenig ein, das ist wahr, denn die Müdigkeit
des Tages lässt dich einschlummern. Aber er
versteht mich. Und ich empfinde so viel Trost,
wenn ich daran denke, dass er mich anschaut.
Wir meinen, wir müssten beten, sprechen, sprechen, sprechen ... Nein! Lass dich vom Herrn
anschauen. Wenn er uns anschaut, gibt er uns
Kraft. Und er hilft dir, ihn zu bezeugen. Zuerst:
»Jesus« und dann: »Gebet« – wir spüren, dass
Gott uns an der Hand hält! Das Wichtige dabei
ist: sich von ihm führen lassen. Das ist wichtiger als alle Berechnungen. Wahre Glaubens-
boten sind wir, wenn wir uns von ihm führen
lassen. Denken wir an Petrus. Vielleicht hielt
er gerade seinen Mittagsschlaf, und da hatte er
eine Vision – die Vision von dem Tischtuch mit
all den Tieren darin – und er hörte, dass Jesus
etwas zu ihm sagte, aber er begriff es nicht. In
dem Moment kamen einige nicht jüdische Männer, die ihn baten, in ein Haus zu kommen, und

*Historische Begegnung zweier Päpste am 23. März 2013:
Papst Franziskus und Papst Benedikt beten gemeinsam in
der Kapelle von Castel Gandolfo.*

er sah, dass der Heilige Geist auch dort war.
Petrus hat sich von Jesus leiten lassen, um zu
jener ersten Evangelisierung der Heiden zu ge-
langen, die eben keine Juden waren – etwas zu
jener Zeit Unvorstellbares! (vgl. Apg 10,9–33).
Und so die ganze Geschichte hindurch, die ganze Geschichte! Sich von Jesus leiten lassen. Er
ist wirklich der Leader; unser Leader ist Jesus.
Jesus, Gebet – das Gebet, jenes Sich-von-ihm-
führen-Lassen – und dann das Zeugnis. Aber
ich möchte noch etwas hinzufügen. Dieses
Sich-von-Jesus-führen-Lassen bringt dich zu
den Überraschungen Jesu. Man kann meinen,
dass wir die Evangelisierung am Schreibtisch
planen müssen, indem wir über die Strategien
nachdenken, Projekte erarbeiten. Aber das sind
Mittel, kleine Mittel. Das Wichtige ist Jesus und
sich von ihm führen zu lassen. Danach können
wir die Strategien entwerfen, aber das ist zweit-
rangig.
Also das Zeugnis: Die Vermittlung des Glaubens kann man nur mit dem Zeugnis bewerk-
stelligen, und das ist die Liebe. Nicht mit unseren Ideen, sondern mit dem Evangelium, das
wir in unserer persönlichen Existenz leben
und das der Heilige Geist in uns leben lässt.

Es ist gleichsam ein Zusammenspiel zwischen uns und dem Heiligen Geist, und das bewirkt das Zeugnis. Die Kirche wird vorangebracht durch die Heiligen, eben genau die, welche dieses Zeugnis geben. Wie Johannes Paul II. und auch Benedikt XVI. gesagt haben, bedarf die Welt von heute so dringend der Zeugen. Nicht so sehr der Lehrer, als vielmehr der Zeugen. Nicht so viel reden, sondern mit dem ganzen Leben sprechen: mit der Kohärenz des Lebens, gerade mit der Kohärenz des Lebens! Eine Kohärenz des Lebens, die bedeutet, das Christentum als eine Begegnung mit Jesus zu leben, der mich zu den anderen bringt, und nicht als ein gesellschaftliches Faktum. Gesellschaftlich ... sind wir eben so, sind wir Christen, in uns verschlossen. Nein, das nicht! – Es ist das Zeugnis!

Ansprache zur Pfingstvigil mit den
Kirchlichen Bewegungen am 18. Mai 2013

Wie haben Sie in Ihrem Leben die Glaubensgewissheit erreichen können; und welchen Weg weisen Sie uns, damit jeder von uns die

Glaubensschwäche überwinden kann?« – ist eine geschichtliche Frage, denn sie betrifft meine Geschichte, die Geschichte meines Lebens! Ich hatte die Gnade, in einer Familie aufzuwachsen, in der der Glaube auf einfache, konkrete Weise gelebt wurde; aber es war vor allem meine Großmutter, die Mutter meines Vaters, die meinen Glaubensweg geprägt hat. Sie war eine Frau, die uns Jesus erklärte, uns von ihm erzählte, uns den Katechismus beibrachte. Ich erinnere mich immer noch, dass sie uns am Karfreitag abends zur Kerzenprozession mitnahm, und am Ende dieser Prozession kam der »liegende Christus«, und die Großmutter ließ uns – uns Kinder – niederknien und sagte zu uns: »Seht, er ist tot, aber morgen wird er auferstehen.« Ich habe die erste christliche Verkündigung ausgerechnet von dieser Frau empfangen, von meiner Großmutter! Das ist so schön! Die erste Verkündigung zu Hause, mit der Familie! Und das lässt mich an die Liebe so vieler Mütter und so vieler Großmütter in der Weitergabe des Glaubens denken. Sie sind es, die den Glauben weitergeben. Das geschah auch in den ersten Zeiten, denn der heilige Paulus sagte zu Timotheus: »Ich erinnere mich an den Glauben deiner Mutter und deiner Großmutter«

(vgl. 2 Tim 1,5). Alle Frauen, die hier sind, alle Großmütter, denkt daran: den Glauben weitergeben! Denn Gott stellt uns Menschen an die Seite, die unseren Glaubensweg fördern. Wir finden den Glauben nicht im Abstrakten, nein! Da ist immer ein Mensch, der predigt, der uns sagt, wer Jesus ist; der den Glauben an uns weitergibt, uns die erste Verkündigung bringt. Und so war die erste Glaubenserfahrung, die ich hatte. Aber da gibt es einen für mich ganz bedeutenden Tag: den 21. September 1953. Ich war beinahe 17 Jahre alt. Es war der »Tag des Schülers«, für uns der Frühlingsanfang – bei euch ist es Herbstanfang. Vor dem Fest bin ich noch in die Pfarrei gegangen, die ich frequentierte, habe einen Priester gefunden, den ich nicht kannte, und das Bedürfnis gespürt zu beichten. Das war für mich die Erfahrung einer Begegnung: Ich habe entdeckt, dass jemand mich erwartete. Aber ich weiß nicht, was da geschehen ist, ich erinnere mich nicht; ich weiß wirklich nicht, warum jener Priester da war, den ich nicht kannte, warum ich jenen Wunsch zu beichten verspürte, aber die Wahrheit ist, dass jemand auf mich wartete. Seit langem auf mich wartete. Nach der Beichte habe ich gespürt, dass etwas sich geändert hatte. Ich war nicht mehr derselbe. Ich hatte etwas vernommen – wirklich wie eine Stimme, einen Ruf:

Ich war überzeugt, dass ich Priester werden sollte. Diese Erfahrung im Glauben ist wichtig. Wir sagen, dass wir Gott suchen müssen, zu ihm gehen und um Verzeihung bitten, aber wenn wir hingehen, wartet er schon auf uns, er ist vorher da! Im Spanischen haben wir ein Wort, das dies gut erklärt: »El Señor siempre nos primerea« – der Herr kommt uns immer zuvor, ist zuerst, erwartet uns! Und das ist wirklich eine große Gnade: einen zu finden, der dich erwartet. Du gehst hin als Sünder, er aber wartet, um dir zu vergeben. Das ist die Erfahrung, die die Propheten Israels beschrieben, wenn sie sagten, der Herr sei wie die Mandelblüte, die erste Blüte des Frühlings (vgl. Jer 1,11–12). Bevor die anderen Blüten kommen, ist sie da – wartet auf uns. Der Herr erwartet uns. Und wenn wir ihn suchen, entdecken wir diese Wirklichkeit: dass er da ist und uns erwartet, um uns aufzunehmen, um uns seine Liebe zu schenken. Und das erfüllt dein Herz mit einem solchen Staunen, dass du es nicht für möglich hältst – und so wächst der Glaube! Durch die Begegnung mit einer Person, durch die Begegnung mit dem Herrn. Da wird jemand einwenden: »Nein, ich ziehe es vor, den Glauben in den Büchern zu studieren!« Es ist wichtig, ihn zu studieren, aber siehst du, das allein genügt nicht! Das Wichtige ist die Begegnung mit Christus, die Begegnung mit ihm, und diese verhilft dir zum Glauben, denn es ist ja gerade Christus, der ihn dir schenkt! Auch ihr habt von der Glaubensschwäche gesprochen und was man tun kann, um sie zu überwinden. Der größte Feind, dem die Schwäche ausgesetzt ist – das ist komisch, nicht? –, ist die Angst.

*Ansprache zur Pfingstvigil mit den
Kirchlichen Bewegungen am 18. Mai 2013*

Wir haben diesen Fürsprecher [Jesus]: Wir dürfen keine Angst haben, zu ihm zu gehen und um Vergebung zu bitten, um Segen zu bitten, um Barmherzigkeit zu bitten! Er vergibt uns immer, er ist unser Fürsprecher: Er verteidigt uns immer! Vergesst das nicht! Die Himmelfahrt Jesu lässt uns also diese Wirklichkeit erkennen, die so tröstlich ist für unseren Weg: In Christus, dem wahren Gott und wahren Menschen, wurde unser Menschsein zu Gott getragen; er hat uns den Übergang eröffnet; er ist gleichsam wie der Führer einer Seilschaft beim Bergsteigen: Er ist auf dem Gipfel angekommen, zieht uns zu sich und führt uns zu Gott. Wenn wir unser Leben ihm anvertrauen, wenn wir uns von ihm führen lassen, dann sind wir gewiss, in sicheren Händen zu sein, in der Hand unseres Retters, unseres Fürsprechers.

Ansprache zur Generalaudienz am 17. April 2013

Mit euch trete auch ich vor das Grabtuch [Jesu] hin und danke dem Herrn, der uns mit den heutigen Mitteln diese Gelegenheit schenkt.

Auch wenn es auf diese Weise geschieht, ist es unsererseits nicht ein bloßes Anschauen, sondern ein Verehren, es ist ein Blick des Gebets. Ich würde noch mehr sagen, es ist ein Sich-anschauen-Lassen. Dieses Gesicht hat geschlossene Augen; es ist das Gesicht eines Toten, und doch schaut es uns auf geheimnisvolle Weise an und spricht zu uns im Schweigen. Wie ist das möglich? Warum möchte das gläubige Volk, so wie ihr, vor dieser Ikone eines gegeißelten und gekreuzigten Mannes verweilen? Weil der Mann des Grabtuchs uns einlädt, Jesus von Nazaret zu betrachten. Dieses in das Tuch eingedrückte Bild spricht zu unserem Herzen und drängt uns, den Kalvarienberg hinaufzugehen, das Holz des Kreuzes zu schauen, uns in das beredte Schweigen der Liebe zu versenken.

Lassen wir uns also von diesem Blick berühren, der nicht unsere Augen sucht, sondern unser Herz. Hören wir, was er uns im Schweigen sagen will, der über den Tod selbst hinausgeht. Durch das heilige Grabtuch gelangt das eine endgültige Wort Gottes zu uns: die menschgewordene Liebe, die in unserer Geschichte Fleisch angenommen hat; die barmherzige Liebe Gottes, die alles Böse der Welt auf sich genommen hat, um uns von dessen Herrschaft zu befreien. Dieses entstellte Gesicht gleicht den vielen Gesichtern von Männern und Frauen, verletzt von einem Leben, das ihre Würde missachtet, von Kriegen und von Gewalt, welche die Schwächsten trifft ... Und doch vermittelt das Gesicht des Grabtuchs großen Frieden; dieser gemarterte Leib drückt hoheitliche Würde aus. Es ist, als ob er eine verhaltene, aber starke Energie durchscheinen ließe, als ob er uns sagte: Hab Vertrauen, verlier nicht die Hoffnung; die Kraft der Liebe Gottes, die Kraft des Auferstandenen überwindet alles.

Videobotschaft aus Anlass der Ausstellung des Turiner Grabtuchs am 30. März 2013

Das Kreuz Jesu ist das Wort, mit dem Gott auf das Böse der Welt geantwortet hat. Manchmal scheint es uns, als antworte Gott nicht auf das Böse, als verharre er im Schweigen. In Wirklichkeit hat Gott gesprochen, er hat geantwortet, und seine Antwort ist das Kreuz Christi: ein Wort, das Liebe, Barmherzigkeit und Vergebung ist. Es ist auch Gericht: Gott richtet uns, indem er uns liebt. Erinnern wir uns daran: Gott richtet uns, indem er uns liebt. Wenn ich seine Liebe annehme, bin ich gerettet, wenn ich sie ablehne, bin ich verurteilt, nicht von ihm, sondern von mir selbst, denn Gott verurteilt nicht, er liebt nur und rettet.

Ansprache zum Kreuzweg am Kolosseum am Palatin am 29. März 2013

Verschließen wir uns nicht dem Neuen, das Gott in unser Leben bringen will! Sind wir oft müde, enttäuscht, traurig, spüren wir die Last unserer Sünden, meinen wir, es nicht zu schaffen? Verschließen wir uns nicht in uns selbst, verlieren wir nicht die Zuversicht, geben wir niemals auf: Es gibt keine Situation, die Gott nicht ändern kann, es gibt keine Sünde, die er nicht vergeben kann, wenn wir uns ihm öffnen ...

Lass also zu, dass der auferstandene Jesus in dein Leben eintritt, nimm ihn auf als Freund, mit Vertrauen: Er ist das Leben! Wenn du bis jetzt fern von ihm warst, tu einen kleinen Schritt: Er wird dich mit offenen Armen empfangen. Wenn du gleichgültig bist, akzeptiere das Risiko: Du wirst nicht enttäuscht sein. Wenn es dir schwierig erscheint, ihm zu folgen, hab' keine Angst, vertrau' dich ihm an, sei sicher, dass er dir nahe ist, er ist auf deiner Seite und wird dir den Frieden geben, den du suchst, und die Kraft, so zu leben, wie er will.

Predigt in der Feier der Osternacht am 30. März 2013

Manchmal ruft uns Jesus, er lädt uns ein, ihm zu folgen, doch vielleicht passiert es, dass wir nicht merken, dass er es ist, gerade wie sich dies beim jungen Samuel zugetragen hat. Heute sind hier viele Jugendliche auf dem

Platz. Ihr seid viele, nicht? Man sieht es ... Ja! Ich möchte euch fragen: Habt ihr manchmal die Stimme des Herrn gehört, der euch durch ein Verlangen, eine Unruhe einlud, ihm enger nachzufolgen? Habt ihr sie gehört? Ich höre euch nicht? Ja, jetzt ... Wolltet ihr Apostel Jesu sein? Die Jugend muss man für die großen Ideale zum Einsatz bringen. Denkt ihr das? Seid ihr einverstanden? Frag Jesus, was er von dir will, und sei mutig! Sei mutig! Frag ihn! Hinter jeder Berufung zum Priestertum oder zum geweihten Leben steht immer das starke und innige Gebet von jemandem: einer Großmutter, eines Großvaters, einer Mutter, eines Vaters, einer Gemeinde ... Deshalb also hat Jesus gesagt: »Bittet [...] den Herrn der Ernte – das heißt Gott, den Vater –, Arbeiter für seine Ernte auszusenden!« (Mt 9,38). Die Berufungen entstehen im Gebet und aus dem Gebet; und allein im Gebet können sie Bestand haben und Frucht tragen.

Regina Coeli am 21. April 2013

Der Heilige Geist weht, wo er will

Wir brauchen keine Angst zu haben!
Haben wir keine Angst
vor den Schwierigkeiten,
haben wir keine Angst,
wenn unser Herz traurig
und dunkel ist!
Nehmen wir die Dinge,
wie sie kommen,
mit dem Geist des Herrn,
mit der Hilfe des Heiligen Geistes.

*Predigt im vatikanischen Gästehaus St. Marta
am 13. April 2013*

Wenn Gott uns nicht innerlich erleuchtet, ist unser Christsein oberflächlich. Die Überlieferung der Kirche sagt, dass der Geist der Wahrheit in unserem Herzen wirkt und jenen »Glaubenssinn« (»sensus fidei«) hervorbringt, durch den das Gottesvolk, wie das Zweite Vatikanische Konzil bekräftigt, unter der Leitung des Lehramts den übergebenen Glauben unverlierbar festhält, mit rechtem Urteil immer tiefer darin eindringt und ihn im Leben voller anwendet (vgl. Dogmatische Konstitution Lumen gentium, 12). Versuchen wir, uns zu fragen: Bin ich offen für das Wirken des Heiligen Geistes, bete ich zu ihm, auf dass er mir Licht schenke, mich empfänglicher mache für die Dinge Gottes? Dieses Gebet müssen wir jeden Tag sprechen: »Heiliger Geist, lass mein Herz offen sein für das Wort Gottes, lass mein Herz offen sein für das Gute, lass mein Herz jeden Tag offen sein für die Schönheit Gottes.« Ich möchte allen eine Frage stellen: Wie viele von euch beten täglich zum Heiligen Geist? Es werden wenige sein, aber wir müssen diesen Wunsch Jesu erfüllen und jeden Tag zum Heiligen Geist beten, auf dass er uns das Herz für Jesus öffnen möge. Denken wir an Maria: Sie

»bewahrte alles, was geschehen war, in ihrem Herzen und dachte darüber nach« (Lk 2,19.51). Die Annahme der Worte und der Wahrheiten des Glaubens verwirklicht sich und wächst, damit diese Leben werden, unter dem Wirken des Heiligen Geistes. In diesem Sinne müssen wir von Maria lernen, müssen ihr »Ja« erneut leben, ihre völlige Bereitschaft, den Sohn Gottes in ihr Leben aufzunehmen, das von jenem Augenblick an verwandelt wird. Durch den Heiligen Geist nehmen der Vater und der Sohn in uns Wohnung: Wir leben in Gott und aus Gott. Aber ist unser Leben wirklich von Gott beseelt? Wie viele Dinge ziehe ich Gott vor?

Wir müssen uns vom Licht des Heiligen Geistes durchfluten lassen, damit er uns in die Wahrheit Gottes führt, der der einzige Herr unseres Lebens ist. In diesem Jahr des Glaubens wollen wir uns fragen, ob wir irgendeinen konkreten Schritt getan haben, um Christus und die Glaubenswahrheiten besser kennenzulernen, indem wir die Heilige Schrift lesen und betrachten, den Katechismus studieren, regelmäßig die Sakramente empfangen. Gleichzeitig wollen wir uns jedoch fragen, welche Schritte wir tun, damit der Glaube unserem ganzen Dasein Ori-

Sympathieträger: Mit seinem herzlichen Auftreten und seinen offenen Appellen zu Demut und Menschlichkeit gewinnt der erste lateinamerikanische Papst die Herzen der Gläubigen.

entierung gebe. Christ ist man nicht »auf Zeit«, nur in einigen Augenblicken, unter einigen Umständen, bei einigen Entscheidungen.

So kann man nicht Christ sein, Christ ist man in jedem Augenblick! Ganz! Die Wahrheit Christi, die der Heilige Geist uns lehrt und schenkt, betrifft unser tägliches Leben für immer und in vollem Umfang. Wir wollen öfter zu ihm beten, damit er uns auf dem Weg der Jünger Christi leite. Wir wollen jeden Tag zu ihm beten. Ich mache euch diesen Vorschlag: Beten wir jeden Tag zum Heiligen Geist, so wird der Heilige Geist uns Christus näher bringen.

Ansprache zur Generalaudienz am 15. Mai 2013

Der Heilige Geist lehrt uns, mit den Augen Christi zu schauen, das Leben zu leben, wie Christus es gelebt hat; das Leben so zu verstehen, wie Christus es verstanden hat. Daher stillt das lebendige Wasser, das der Heilige Geist ist, den Durst unseres Lebens, weil es uns sagt, dass wir von Gott als Kinder geliebt werden, dass wir Gott als seine Kinder lieben können und dass wir mit seiner Gnade als Kinder Gottes leben können, wie Jesus. Und wir, hören wir auf den Heiligen Geist? Was sagt uns der Heilige Geist? Er sagt: Gott liebt dich. Das sagt er uns. Gott liebt dich, Gott hat dich lieb. Lieben wir Gott und die anderen wirklich, wie Jesus? Lassen wir uns vom Heiligen Geist leiten, lassen wir ihn zu unserem Herzen sprechen und ihn dies zu uns sagen: dass Gott die Liebe ist, dass Gott auf uns wartet, dass Gott der Vater ist, dass er uns liebt wie ein echter Vater, dass er uns wirklich liebt. Und das sagt nur der Heilige Geist dem Herzen. Hören wir den Heiligen Geist, hören wir auf den Heiligen Geist, und gehen wir voran auf diesem Weg der Liebe, der Barmherzigkeit und der Vergebung. Danke.

Ansprache zur Generalaudienz am 8. Mai 2013

Von seiner Hoffnung leben wir

Der Herr lebt
und geht an eurer Seite!
Bleibt verankert in dieser Hoffnung.
Haltet die Kette zum Anker fest,
einem Anker, der im Himmel ist,
und tragt diese Hoffnung weiter!

Ansprache zur Generalaudienz am 3. April 2013

Wir müssen uns täglich von Christus verwandeln lassen, um zu werden wie er; es heißt sich zu bemühen, als Christen zu leben, zu versuchen, ihm nachzufolgen, auch wenn wir unsere Grenzen und unsere Schwächen sehen. Die Versuchung, Gott beiseitezuschieben, um uns selbst in den Mittelpunkt zu stellen, lauert stets vor der Tür, und die Erfahrung der Sünde verletzt unser christliches Leben, unsere Gotteskindschaft. Wir müssen daher den Mut des Glaubens haben und dürfen uns nicht von der Denkweise verleiten lassen, die zu uns sagt: »Du brauchst Gott nicht, er ist nicht wichtig für dich« und so weiter. Genau das Gegenteil ist der Fall: Nur wenn wir uns als Kinder Gottes verhalten, ohne uns von unserem Fallen, unseren Sünden entmutigen zu lassen, und uns von ihm geliebt fühlen, wird unser Leben neu, unbeschwert und voller Freude. Gott ist unsere Stärke! Gott ist unsere Hoffnung!

Wir müssen als erste an dieser Hoffnung festhalten und allen ein sichtbares, deutliches, leuchtendes Zeichen dafür sein! Der auferstandene Herr ist die unvergängliche Hoffnung, die nicht zugrunde gehen lässt (Röm 5,5). Die Hoffnung lässt nicht zugrunde gehen. Die Hoffnung

»Erkennt also, was ihr tut. Seid Hirten!«: Papst Franziskus weiht am 21. April 2013 junge Priester im Petersdom und nimmt diese in das »große Miteinander« auf.

des Herrn! Wie oft in unserem Leben schwinden die Hoffnungen, wie oft werden die Erwartungen, die wir im Herzen tragen, nicht erfüllt! Die Hoffnung, die wir Christen haben, ist wahr, stark, sicher, auf dieser Erde, wohin Gott uns berufen hat, um unseren Weg zu gehen, und sie ist offen auf die Ewigkeit hin, weil sie auf Gott gründet, der immer treu ist. Wir dürfen nicht vergessen: Gott ist immer treu; Gott ist uns immer treu. Mit Christus auferstanden zu sein durch die Taufe, durch das Geschenk des Glaubens, für ein unzerstörbares Erbe, möge uns dazu bringen, vermehrt die Dinge Gottes zu suchen, mehr an ihn zu denken, mehr zu ihm zu beten.

Christ sein heißt nicht bloß, die Gebote befolgen, sondern in Christus sein, wie er denken, wie er handeln, wie er lieben; es bedeutet zuzulassen, dass er von unserem Leben Besitz ergreift und es verwandelt und frei macht vom Dunkel des Bösen und der Sünde.

Ansprache zur Generalaudienz am 10. April 2013

Mir macht es immer einen tiefen Eindruck, wenn ich das Gleichnis vom barmherzigen Vater lese; es beeindruckt mich, weil es mir stets große Hoffnung schenkt. Denkt an jenen jüngeren Sohn, der im Haus des Vaters war, der geliebt wurde. Und doch will er sein Erbteil, geht weg, gibt alles aus, sinkt auf das niedrigste Niveau herab, am weitesten entfernt vom Vater. Und als er völlig heruntergekommen ist, verspürt er Heimweh nach der Geborgenheit des Vaterhauses, und er kehrt zurück. Und der Vater? Hatte er seinen Sohn vergessen? Nein, niemals. Er ist dort, sieht ihn von weitem, erwartete ihn jeden Tag, jeden Moment: Immer hatte er ihn als Sohn in seinem Herzen, obwohl dieser ihn verlassen hatte, obwohl er das ganze Erbe, das heißt seine Freiheit vergeudet hatte. Mit Geduld und Liebe, mit Hoffnung und Barmherzigkeit hatte der Vater nicht einen Moment aufgehört, an ihn zu denken, und sobald er ihn von ferne erspäht, läuft er ihm entgegen und umarmt ihn zärtlich – mit der Zärtlichkeit Gottes – ohne ein einziges Wort des Vorwurfs: Er ist zurückgekehrt! Und das ist die Freude des Vaters. In dieser Umarmung des Sohns liegt diese ganze Freude: Er ist zurückgekehrt! Gott wartet immer auf uns, er wird nicht müde. Jesus führt uns diese barmherzige Geduld Gottes vor Augen, damit wir Vertrauen und Hoffnung zurückgewinnen, immer! Ein großer deutscher Theologe, Romano Guardini, sagte, dass die Geduld Gottes auf unsere Schwäche antwortet und dies die Rechtfertigung unserer Zuversicht, unserer Hoffnung ist (vgl. Glaubenserkenntnis, Würzburg 1949, S. 28). Das ist wie ein Zwiegespräch zwischen unserer Schwachheit und der Geduld Gottes. Ein Dialog – wenn wir diesen Dialog führen, schenkt er uns Hoffnung.

Ich möchte noch ein anderes Element unterstreichen: Die Geduld Gottes muss in uns den Mut antreffen, zu ihm zurückzukehren, ganz gleich welchen Fehler, welche Sünde es in unserem Leben gibt. Jesus lädt Thomas ein, den Finger in die Wunden seiner Hände und Füße und die Hand in seine geöffnete Seite zu legen. Auch wir können in die Wunden Jesu hineinfassen, ihn wirklich berühren; und das geschieht jedes Mal, wenn wir gläubig die Sakramente empfangen. Der heilige Bernhard sagt in einer schönen Predigt: »Durch ... die Wunden [Jesu] kann ich Honig aus dem Felsen saugen und Öl aus den Felsspalten (vgl. Dtn 32,13), das heißt kosten und erfahren, wie gut der Herr ist« (Homilie über das Hohelied 61,4). Gerade in den Wunden Jesu sind wir sicher, dort zeigt sich die unermessliche Liebe seines Herzens. Thomas hatte es begriffen. Der heilige Bernhard fragt sich: Aber worauf kann ich mich verlassen? Auf meine Verdienste? Doch »mein Verdienst ist die Barmherzigkeit Gottes. Sicher bin ich nicht arm an Verdiensten, solange er reich an Barmherzigkeit ist. Und so habe ich, wenn die Barmherzigkeiten des Herrn zahlreich sind, einen Überfluss an Verdiensten« (ebd. 5). Das ist wichtig: der Mut, mich der Barmherzigkeit Jesu anzuvertrauen, auf seine Geduld zu zählen, immer Zuflucht in den Wunden seiner Liebe zu nehmen. Der heilige Bernhard geht so weit zu sagen: »Doch was soll ich sagen, wenn ich Gewissensbisse habe wegen meiner vielen Sünden? »Wo die Sünde mächtig wurde, da ist die Gnade übergroß geworden« (Röm 5,20)« (ebd.). Vielleicht könnte jemand unter uns denken: Meine Sünde ist so groß, meine Entfernung von Gott ist wie die des jüngeren Sohnes aus dem Gleichnis, mein Unglaube ist wie der des Thomas; ich habe nicht den Mut umzukehren, zu meinen, Gott könne mich aufnehmen und warte ausgerechnet auf mich. Doch Gott wartet gerade auf dich, er verlangt von dir nur den Mut, zu ihm zu gehen. Wie oft habe ich in meinem seelsorglichen Dienst die Worte gehört: »Pater, ich habe viele Sünden«; und meine Einladung war immer: »Keine Angst, geh zu ihm, er erwartet dich, er wird alles tun.« Wie viele weltliche Angebote hören wir in unserer Umgebung, aber lassen wir uns vom Angebot Gottes ergreifen – es ist eine herzliche Liebkosung. Für Gott sind wir keine Nummern, wir sind ihm wichtig, ja, wir sind das Wichtigste, das er hat; auch wenn wir Sünder sind, sind wir das, was ihm am meisten am Herzen liegt.

Predigt zur Eucharistiefeier anlässlich der feierlichen Inbesitznahme der Kathedra des Bischofs von Rom am 7. April 2013

Maria, Mutter Gottes, bitte für uns alle!

Mutter,
wir werden das Volk Gottes sein
auf dem Pilgerweg zum Reich Gottes.
Amen.

Gebet aus der Predigt am 23. Mai 2013

Im Leben ist es schwierig, Entscheidungen zu treffen. Häufig tendieren wir dazu, sie aufzuschieben, andere an unserer Stelle entscheiden zu lassen, häufig ziehen wir es vor, uns von den Ereignissen mitreißen zu lassen, der aktuellen Mode zu folgen. Manchmal wissen wir, was wir tun sollten, aber wir haben nicht den Mut dazu, oder es erscheint uns zu schwierig, weil dies hieße, gegen den Strom zu schwimmen. Maria schwimmt bei der Verkündigung, bei der Heimsuchung, bei der Hochzeit von Kana gegen den Strom, Maria geht gegen den Strom. Sie hört auf Gott, denkt nach und versucht die Wirklichkeit zu verstehen, und sie entscheidet, Gott vollkommen zu vertrauen; sie entscheidet, ihre betagte Verwandte zu besuchen, obwohl sie selbst ein Kind erwartet; sie entscheidet, sich beharrlich dem Sohn anzuvertrauen, um die Freude des Hochzeitsfestes zu retten.

Ansprache beim Rosenkranzgebet zum Abschluss des Marienmonats Mai am 31. Mai 2013

Wir haben unter der mütterlichen Obhut Marias gebetet, damit sie uns dazu führe, immer mehr mit ihrem Sohn Jesus vereint zu sein; wir haben ihr unsere Leiden, unsere Hoffnungen und unsere Schwierigkeiten gebracht; wir haben sie mit dem schönen Titel »Salus Populi Romani« angerufen und für uns alle, für Rom, für die Welt um die Gabe des Wohlergehens gebetet. Ja, denn Maria schenkt uns das Wohlergehen, sie ist unser Wohl. Jesus Christus schenkt uns durch sein Leiden, seinen Tod und seine Auferstehung das Heil, er schenkt uns die Gnade und die Freude, Kinder Gottes zu sein, Gott wahrhaft Vater zu nennen. Maria ist Mutter, und eine Mutter sorgt sich vor allem um das Wohlergehen ihrer Kinder, sie weiß sie immer mit großer und zärtlicher Liebe zu pflegen. Die Muttergottes behütet unser Wohlergehen. Was heißt das, dass die Muttergottes unser Wohlsein behütet? Ich denke vor allem an drei Aspekte: sie hilft uns zu wachsen, das Leben in Angriff zu nehmen, frei zu sein; sie hilft uns zu wachsen, sie hilft uns das Leben in Angriff zu nehmen, sie hilft uns frei zu sein.

Eine Mutter hilft den Kinder zu wachsen und will, dass sie gut aufwachsen; deshalb erzieht sie

sie dazu, nicht der Faulheit nachzugeben – die auch einem gewissen Wohlstand entspringt –, sich nicht einem bequemen Leben hinzugeben, das sich damit zufriedengibt, lediglich Dinge zu besitzen. Die Mutter kümmert sich um ihre Kinder, damit sie immer mehr wachsen, stark werden, fähig, Verantwortung zu übernehmen, sich im Leben zu engagieren, nach großen Idealen zu streben. Das Evangelium des heiligen Lukas sagt uns, dass Jesus in der Familie von Nazaret »heranwuchs und kräftig wurde, erfüllt von Weisheit, und die Gnade Gottes ruhte auf ihm« (vgl. Lk 2,40). Gerade dies tut die Muttergottes in uns, sie hilft uns, menschlich und im Glauben zu wachsen, stark zu sein und nicht der Versuchung nachzugeben, auf oberflächliche Weise Menschen und Christen zu sein, sondern mit Verantwortung zu leben und immer nach dem Höheren zu streben.

Eine Mutter denkt dann an das Wohlergehen der Kinder auch, indem sie sie dazu erzieht, den Schwierigkeiten des Lebens entgegenzutreten. Man erzieht nicht, man sorgt nicht für das Wohlergehen, indem man Probleme vermeidet, als wäre das Leben eine Autobahn ohne Hindernisse. Die Mutter hilft den Kindern, die

Probleme des Lebens mit realistischem Blick zu betrachten und sich nicht in ihnen zu verlieren, sondern sie mutig in Angriff zu nehmen, nicht schwach zu sein und sie zu überwinden zu wissen in einem gesunden Gleichgewicht, das eine Mutter zwischen den Bereichen der Sicherheit und den Zonen der Gefahr »spürt«. Und das kann eine Mutter gut! Sie bringt das Kind nicht immer auf den Weg der Sicherheit, denn auf diese Weise kann das Kind nicht wachsen, aber sie lässt es auch nicht nur auf dem Weg der Gefahr, denn das ist gefährlich. Eine Mutter weiß die Dinge in das rechte Gleichgewicht zu bringen. Ein Leben ohne Herausforderungen gibt es nicht, und ein Junge oder Mädchen, die sie nicht anzunehmen und sich selbst dabei ins Spiel zu bringen wissen, haben kein Rückgrat! Erinnern wir uns an das Gleichnis vom barmherzigen Samariter: Jesus stellt nicht den Priester und den Leviten als Beispiel vor Augen, die es vermeiden, dem von Räubern Überfallenen zur Hilfe zu kommen, sondern den Samariter, der die Situation jenes Mannes sieht und sie konkret angeht, auch unter Gefahren.

Maria hat viele nicht leichte Momente in ihrem Leben erlebt, von der Geburt Jesu, als »in der

Herberge kein Platz für sie war« (Lk 2,7), bis
hin zu Golgota (vgl. Joh 19,25). Und wie eine
gute Mutter ist sie uns nahe, damit wir angesichts der Widrigkeiten des Lebens, angesichts
unserer Schwäche, angesichts unserer Sünden
nie den Mut verlieren: sie gibt uns Kraft, sie
weist uns den Weg ihres Sohnes. Jesus sagt
vom Kreuz herab zu Maria, indem er auf Johannes weist: »Frau, siehe, dein Sohn!« Und zu
Johannes sagt er: »Siehe, deine Mutter!« (vgl.
Joh 19,26–27). In diesem Jünger sind wir alle
vertreten: der Herr vertraut uns den liebevollen
und zärtlichen Händen der Mutter an, damit
wir ihre Hilfe spüren, wenn wir die Schwierigkeiten unseres menschlichen und christlichen
Weges annehmen und besiegen; keine Angst
vor den Schwierigkeiten haben, sie mit der Hilfe der Mutter annehmen.
Ein letzter Aspekt: Eine gute Mutter beglei-
tet die Kinder nicht nur bei ihrem Wachstum,
indem sie den Problemen, den Herausforderungen des Lebens nicht ausweicht; eine gute
Mutter hilft auch, endgültige Entscheidungen
in Freiheit zu treffen. Das ist nicht leicht, aber
eine Mutter weiß das zu tun. Aber was heißt
Freiheit? Es bedeutet sicherlich nicht, alles zu

tun, was man will, sich von den Leidenschaften beherrschen zu lassen, eine Erfahrung nach der anderen zu machen ohne Unterscheidung, den Moden der Zeit zu folgen; Freiheit bedeutet nicht, sozusagen all das, was uns nicht gefällt, aus dem Fenster zu werfen. Nein, das ist keine Freiheit! Die Freiheit ist uns gegeben, damit wir im Leben gute Entscheidungen zu treffen wissen! Maria erzieht uns als gute Mutter dazu, wie sie fähig zu sein, endgültige Entscheidungen zu treffen; endgültige Entscheidungen, in diesem Moment, in dem sozusagen die Philosophie des Vorläufigen herrscht. Es ist so schwer, sich im Leben endgültig zu verpflichten. Und sie hilft uns, endgültige Entscheidungen zu treffen in jener vollen Freiheit, in der sie »Ja« gesagt hat zum Plan Gottes für ihr Leben (vgl. Lk 1,38).

Worte zum Rosenkranzgebet in der Papstbasilika
Santa Maria Maggiore am 4. Mai 2013

Mutter der Stille,
die das Geheimnis Gottes bewahrt,
befreie uns von der Vergötzung der
Gegenwart, zu der derjenige verurteilt ist,
der vergisst.

Reinige die Augen der Hirten
mit der Salbe der Erinnerung:
Wir werden zur Frische der Anfänge
zurückkehren, für eine betende und
bußfertige Kirche.

Mutter der Schönheit,
die aus der Treue zur täglichen
Arbeit erblüht,
wecke uns aus der Benommenheit
der Trägheit, der Engherzigkeit und
der Resignation.

Bekleide die Hirten mit jenem Mitleid,
das eint und integriert:
Wir werden die Freude einer dienenden,
demütigen und geschwisterlichen Kirche
entdecken.

Mutter der Zärtlichkeit,
die mit Geduld und Barmherzigkeit umhüllt,
hilf uns, Traurigkeit, Ungeduld und
Härte dessen zu verbrennen, der keine
Zugehörigkeit kennt.

Bitte bei deinem Sohn, damit unsere Hände,
Füße und Herzen geschickt seien:
Wir werden die Kirche mit der Wahrheit in
Liebe aufbauen.

Mutter, wir werden das Volk Gottes sein,
auf dem Pilgerweg zum Reich Gottes.
Amen.

Gebet aus der Predigt am 23. Mai 2013

Die Kirche ist keine Nichtregierungsorganisation

So ist die Kirche:
eine große und reiche Vielfalt
an Ausdrucksformen,
in denen alles auf die Einheit
zurückgeführt wird;
die Vielfalt wird auf die Einheit
zurückgeführt,
und die Einheit
ist die Begegnung mit Christus.

*Predigt zur Eucharistiefeier am Tag der Bruderschaften
und der Volksfrömmigkeit am 5. Mai 2013*

Der Hauptbeitrag, den wir liefern können, ist das Evangelium zu leben. Die Kirche ist keine politische Bewegung, noch eine gut organisierte Struktur: Das ist es nicht. Wir sind keine NGO [Nichtregierungsorganisation], und wenn die Kirche eine NGO wird, verliert sie das Salz, hat keinen Geschmack mehr, ist nur noch eine leere Organisation. Und in dieser Sache müsst ihr schlau sein, denn der Teufel führt uns hinters Licht: Es besteht nämlich die Gefahr der Leistungsorientierung. Eines ist es, Jesus zu predigen, etwas anderes, Leistung zu erbringen, leistungsfähig zu sein. Nein, das ist ein anderer Wert. Der Wert der Kirche ist grundsätzlich, das Evangelium zu leben und Zeugnis für unseren Glauben zu geben. Die Kirche ist Salz der Erde, ist Licht der Welt, sie ist berufen, in der Gesellschaft den Sauerteig des Gottesreiches zu vergegenwärtigen, und das tut sie vor allem mit ihrem Zeugnis, dem Zeugnis der Bruderliebe, der Solidarität, des Teilens. Wenn man einige sagen hört, die Solidarität sei kein Wert, sondern ein »Primärverhalten«, das verschwinden muss ... das ist nicht in Ordnung! Es wird an eine rein weltliche Wirksamkeit gedacht.

Der Moment der Krise, wie jene, die wir zur

Zeit erleben, [...] besteht nicht in einer nur wirtschaftlichen Krise, ist nicht nur eine kulturelle
Krise. Es ist eine Krise des Menschen: Was sich
in der Krise befindet, ist der Mensch! Und was
zerstört werden kann, ist der Mensch! Doch der
Mensch ist Ebenbild Gottes! Aus diesem Grund
ist es eine tiefe Krise! In diesem Moment der
Krise dürfen wir uns nicht nur um uns selber
kümmern, uns in der Einsamkeit verschließen,
in der Entmutigung, im Gefühl der Ohnmacht
gegenüber den Problemen. Bitte sich nicht verschließen! Das ist eine Gefahr: Wir schließen
uns ein in der Pfarrei, mit den Freunden, in
der Bewegung, mit denen, die denken wie wir
... aber wisst ihr, was dann passiert? Wenn die
Kirche sich verschließt, wird sie krank – wird
sie krank. Denkt an ein Zimmer, das ein Jahr
lang geschlossen bleibt; wenn du eintrittst, ist
da dieser Geruch nach Feuchtigkeit, all das,
was nicht gut ist ... Eine in sich verschlossene
Kirche ist genauso: es ist eine kranke Kirche.
Die Kirche muss aus sich herausgehen. Wohin?
An die Peripherien des Seins, welche auch immer es sein mögen, aber hinausgehen. Jesus
sagt uns: »Geht in alle Welt! Geht! Predigt! Gebt
Zeugnis für das Evangelium! « (vgl. Mt 16,15).

Doch was geschieht, wenn einer aus sich herausgeht? Da kann geschehen, was allen passieren kann, die das Haus verlassen und auf die Straße gehen: ein Unfall. Aber ich sage euch: Mir ist eine verunfallte Kirche, eine Kirche, die in einen Unfall geraten ist, tausendmal lieber als eine Kirche, die wegen ihrer Verschlossenheit krank ist! Geht hinaus, geht! Denkt auch an das, was die Geheime Offenbarung sagt. Sie sagt etwas Schönes: dass Jesus an der Tür steht und ruft, ruft, um in unser Herz einzutreten (vgl. Offb 3,20). Das ist die Bedeutung, die wir in der Geheimen Offenbarung finden.

Aber stellt euch einmal diese Frage: Wie oft ist Jesus drinnen und klopft an die Tür, um hinauszugehen – um hinauszugehen, und wir lassen ihn nicht, um unserer Sicherheiten willen? Denn oftmals sind wir eingeschlossen in vergängliche Strukturen, die nur dazu dienen, uns zu Sklaven zu machen und nicht zu freien Kindern Gottes! Bei diesem »Hinausgehen« ist wichtig, zur Begegnung zu gehen; dieses Wort ist mir sehr wichtig: die Begegnung mit den anderen. Warum? Weil der Glaube eine Begegnung mit Jesus ist, und wir müssen dasselbe tun wie Jesus: den anderen entgegengehen. Wir erleben eine Kultur der Auseinandersetzung, eine Kultur der Zersplitterung, eine Kultur, in der ich das, was mir nicht dient, wegwerfe – die Wegwerfkultur. Aber in diesem Zusammenhang bitte ich euch – und das ist ein Teil der Krise –, an die alten Menschen zu denken, die die Weisheit eines Volkes verkörpern, und an die Kinder … Wegwerfkultur! … Wir aber müssen zur Begegnung kommen und mit unserem Glauben eine »Kultur der Begegnung« schaffen, eine Kultur der Freundschaft, eine Kultur, in der wir Brüder und Schwestern finden, wo wir auch mit denen sprechen können, die nicht so denken wie wir, auch mit denen, die einen anderen Glauben haben, die unseren Glauben nicht teilen. Alle haben etwas mit uns gemeinsam: Sie sind Ebenbilder Gottes, sind Kinder Gottes. Zur Begegnung mit allen kommen … ohne über unsere Zugehörigkeit zu verhandeln, und – das ist wichtig – mit den Armen. Wenn wir aus uns herausgehen, finden wir die Armut.

Heute – es tut im Herzen weh, das zu sagen – heute, wenn man einen Landstreicher auffindet, der erfroren ist, erregt das kein Aufsehen. Aufsehen erregend ist heute vielleicht ein Skandal. Ein Skandal – oh, der macht Schlagzeilen!

Daran zu denken, dass so viele Kinder nichts zu essen haben – das erregt heute kein Aufsehen. Das ist schwerwiegend, das ist schlimm! Da können wir nicht ruhig bleiben: »Ja, das ist halt so ...« Wir dürfen keine Christen »mit steifem Kragen« werden, jene allzu gebildeten Christen, die sich bei einer Tasse Tee in aller Ruhe über theologische Fragen austauschen. Nein! Wir müssen mutige Christen werden und uns zu denen aufmachen, die wirklich der Leib Christi sind, der Leib Christi! Wenn ich gehe, um Beichte zu hören – das kann ich noch nicht, denn zum Beichte-Hören hinausgehen ... ja, hier kann man nicht heraus, aber das ist ein anderes Problem – wenn ich in der vorigen Diözese ging, um Beichte zu hören, kamen so einige, und ich stellte immer diese Frage: »Aber geben Sie auch Almosen?« – »Ja, Pater!« – »Ah, gut, gut.« Und dann schob ich noch zwei weitere nach: »Sagen Sie, wenn Sie Almosen geben, schauen Sie dann dem- oder derjenigen in die Augen, der Sie das Almosen geben?« – »Ach, das weiß ich nicht, darauf habe ich nicht geachtet.« »Und wenn Sie das Almosen geben, berühren Sie dann die Hand dessen, dem Sie es geben, oder werfen Sie ihm die Münze hin?« Das ist das Problem: der Leib Christi, den Leib Christi berühren, diesen Schmerz auf uns nehmen, für die Armen. Die Armut ist für uns Christen nicht ein soziologische oder philosophische oder kulturelle Kategorie – nein, es ist eine theologale Kategorie. Ich würde sagen, vielleicht die erste Kategorie, denn jener Gott, der Sohn Gottes, hat sich erniedrigt, ist arm geworden, um mit uns den Weg zu gehen. Und das ist unsere Armut: die Armut des Leibes Christi, die Armut, die uns der Sohn Gottes mit seiner Menschwerdung gebracht hat. Eine arme Kirche für die Armen tut ihren ersten Schritt, indem sie auf den Leib Christi zugeht. Wenn wir auf den Leib Christi zugehen, beginnen wir etwas zu verstehen – zu verstehen, was diese Armut ist: die Armut des Herrn. Und das ist nicht einfach. Doch es gibt ein Problem, das den Christen nicht gut tut: der Geist der Welt, der weltlich orientierte Geist, die spirituelle Weltlichkeit. Das führt uns in eine Selbstgefälligkeit, nach dem Geist der Welt zu leben und nicht nach dem Geist Christi. Das berührt die Frage, die ihr gestellt habt: Wie muss man leben, um dieser Krise zu begegnen, die die öffentliche Ethik, das Entwicklungsmodell, die Politik angeht? Da dies eine Krise des

Menschen ist, eine Krise, die den Menschen zerstört, ist es eine Krise, die dem Menschen die Ethik nimmt. Wenn es im öffentlichen Leben, in der Politik keine Ethik gibt, eine Ethik als Bezugspunkt, dann ist alles möglich und man kann alles tun. Und wir sehen, wenn wir die Zeitungen lesen, wie unheilvoll der Mangel an Ethik im öffentlichen Leben sich für die gesamte Menschheit auswirkt. Ich möchte euch eine Geschichte erzählen. Das habe ich in dieser Woche schon zweimal getan, doch mit euch will ich es ein drittes Mal tun.

Es ist die Geschichte, die ein biblischer Midrasch eines Rabbi aus dem 12. Jahrhundert erzählt. Er spricht von dem Turmbau zu Babel und sagt, dass man für den Bau des Turmes Ziegel anfertigen musste. Was bedeutet das? Sich aufmachen, den Lehm durchkneten, Stroh herbeischaffen, alles bereiten ... und dann: in den Ofen. Und wenn der Ziegel fertig war, musste er hinaufgebracht werden für den Bau des Turmes von Babel. Ein Ziegel stellte einen Schatz dar aufgrund all der Arbeit, die zu seiner Herstellung nötig war. Wenn ein Ziegel zu Boden stürzte, war das eine nationale Tragödie, und der schuldige Arbeiter wurde bestraft; ein

Ziegel war so wertvoll, dass es ein Drama war, wenn er herunterfiel. Wenn aber ein Arbeiter herunterfiel, geschah gar nichts, das war etwas anderes. Dasselbe geschieht heute: Wenn die Investitionen in den Banken ein wenig fallen ... Tragödie! ... Was tun? Doch wenn die Menschen verhungern, wenn sie nichts zu essen haben, wenn sie nicht gesund sind, das macht nichts! Das ist unsere Krise von heute! Und das Zeugnis einer armen Kirche für die Armen richtet sich gegen diese Mentalität.

Angesichts dieser Situationen scheint es mir, dass mein Bekennen, mein Zeugnis schüchtern und unbeholfen ist. Ich möchte mehr tun, aber was? Und wie kann man diesen unseren Brüdern und Schwestern helfen, wie ihr Leiden lindern, da man doch nichts oder sehr wenig tun kann, um ihr politisch-soziales Umfeld zu ändern? Um das Evangelium zu verkünden, sind zwei Tugenden notwendig: Mut und Geduld. Sie [die leidenden Christen] sind in der Kirche der Geduld. Sie leiden, und es gibt heute mehr Märtyrer als in den ersten Jahrhunderten der Kirche; mehr Märtyrer. Unsere Brüder und Schwestern! ... Sie leiden. Sie tragen ihren Glauben bis zum Martyrium. Doch das Martyrium

In der Nacht der Ostermesse, am 30. März 2013, entzündet Papst Franziskus mit dem Gesang »Lumen Christi« die Osterkerze und erleuchtet die dunkle St.-Peter-Basilika. Eine Ankündigung der besonderen Art für die erste Enzyklika des Papstes »Lumen fidei«, die am 5. Juli erschienen ist.

ist niemals eine Niederlage; das Martyrium ist der höchste Grad des Zeugnisses, das wir geben müssen. Wir sind unterwegs zum Martyrium, in kleinen Martyrien: auf dies verzichten, jenes tun ... aber wir sind unterwegs. Und sie, die Ärmsten, geben ihr Leben hin, aber sie geben es hin – wie wir über die Situation in Pakistan gehört haben – aus Liebe zu Jesus, indem sie Zeugnis geben für Jesus. Ein Christ soll immer diese Haltung der Milde, der Demut haben, genau die Haltung, die sie haben, indem sie auf Jesus vertrauen, sich Jesus anvertrauen.

Man muss allerdings genauer sagen, dass diese Konflikte oftmals nicht religiösen Ursprungs sind; häufig gibt es andere Gründe sozialer und politischer Art, und leider werden die Religionszugehörigkeiten benutzt wie Benzin aufs Feuer. Ein Christ muss immer imstande sein, auf das Böse mit dem Guten zu reagieren, auch wenn das oft schwer ist. Wir versuchen, sie, diese Brüder und Schwestern, spüren zu lassen, dass wir zutiefst verbunden sind mit ihrer Situation – zutiefst verbunden! – und dass wir wissen, dass sie Christen sind, die »in die Geduld eingetreten« sind. Als Jesus auf seine Passion zugeht, tritt er in die Geduld ein. Sie sind in die

Geduld eingetreten: Man sollte sie das wissen lassen, aber auch den Herren sollte man es wissen lassen. Ich stelle euch eine Frage: Betet ihr für diese Brüder und Schwestern? Ihr – betet ihr für sie? Im täglichen Gebet? Ich will jetzt nicht bitten, dass, wer es tut, die Hand erhebt, nein, das fordere ich jetzt nicht. Doch denkt gut darüber nach! Sagen wir im täglichen Gebet zu Jesus: »Herr, schau auf diesen Bruder, der so sehr leidet; schau auf diese Schwester, die so sehr leidet!« Sie machen die Erfahrung des Äußersten, wirklich der Grenze zwischen Leben und Tod. Und auch für uns: Diese Erfahrung muss uns dazu führen, die Religionsfreiheit für alle zu fördern, für alle! Jeder Mann und jede Frau muss frei sein im persönlichen religiösen Bekenntnis, gleich welches es sei. Warum? Weil dieser Mann und diese Frau Kinder Gottes sind!

*Ansprache zur Pfingstvigil mit den
Kirchlichen Bewegungen am 18. Mai 2013*

Denken wir heute an das missionarische Wirken der Kirche: an diese Jünger, die aus sich herausgegangen sind, um aufzubrechen, und auch an jene, die den Mut hatten, Jesus den Griechen zu verkünden, damals etwas fast Skandalöses (vgl. Apg 11,19-20). Denken wir an die Mutter Kirche, die wächst, mit neuen Kindern wächst, denen sie die Identität des Glaubens verleiht, denn man kann nicht an Jesus glauben ohne die Kirche. Jesus selber hat das im Evangelium gesagt: »Ihr aber glaubt nicht, weil ihr nicht zu meinen Schafen gehört« (Joh 10,26). Wenn wir nicht »Schafe Jesu« sind, kommt der Glaube nicht auf; dann ist es ein versüßlichter Glaube, ein Glaube ohne Substanz. Und denken wir an die Tröstung, die Barnabas erfahren hat, genau diese »innige und tröstliche Freude der Verkündigung des Evangeliums«. Und erbitten wir vom Herrn diesen Freimut, diesen apostolischen Eifer, der uns drängt voranzugehen, als Brüder, uns alle: voran, voran, den Namen Jesu im Schoß der Kirche tragend, die – wie der heilige Ignatius sagte – hierarchisch und katholisch ist. So sei es.

Predigt zur Eucharistischen Konzelebration mit den in Rom ansässigen Kardinälen am Gedenktag des hl. Georg am 23. April 2013

Von der Schönheit des Liturgischen, das nicht einfach Verzierung und Freude an schönen Gewändern ist, sondern Gegenwart der Herrlichkeit unseres Gottes, die in seinem lebendigen und gestärkten Volk ihren Widerschein findet, gehen wir nun zur Betrachtung der Handlung über. Das kostbare Öl, das das Haupt Aarons salbt, beschränkt sich nicht darauf, ihm selbst Duft zu verleihen, sondern breitet sich aus und gelangt bis in die »Randgebiete«. Der Herr wird es dann deutlich sagen: Seine Salbung ist für die Armen, die Gefangenen, die Kranken und für die, welche traurig und einsam sind. Die Salbung, liebe Brüder, ist nicht dafür da, uns selber in Duft zu hüllen, und erst recht nicht, damit wir sie in einer Ampulle aufbewahren, denn das Öl würde ranzig ... und das Herz bitter.

Den guten Priester erkennt man daran, wie sein Volk gesalbt wird; das ist ein deutliches Beweismittel. Wenn die uns anvertrauten Menschen mit dem Öl der Freude gesalbt werden, ist das zu merken – zum Beispiel, wenn sie aus der Messe kommen mit dem Gesicht dessen, der eine gute Nachricht erhalten hat. Die Leute mögen es, wenn das Evangelium so gepredigt wird, dass man die Salbung spürt, sie mögen es, wenn das Evangelium, das wir predigen, ihr Alltagsleben erreicht, wenn es wie das Salböl Aarons bis an den »Saum« der Wirklichkeit hinab fließt, wenn es die Grenzsituationen, die »Randgebiete« erleuchtet, wo das gläubige Volk stärker der Invasion derer ausgesetzt ist, die seinen Glauben ausplündern wollen. Die Leute danken uns, weil sie spüren, dass wir unter Einbeziehung der Situation ihres Alltagslebens gebetet haben, mit ihren Leiden und ihren Freuden, ihren Ängsten und ihren Hoffnungen. Und wenn sie spüren, dass der Duft des Gesalbten schlechthin, der Duft Christi, durch uns zu ihnen kommt, fühlen sie sich ermutigt, uns all das anzuvertrauen, von dem sie möchten, dass es den Herrn erreiche: »Beten Sie für mich, Pater, denn ich habe dieses Problem«, »segnen Sie mich, Pater«, »beten Sie für mich« – das sind Zeichen dafür, dass die Salbung am Saum des Gewandes angekommen ist, denn sie wird in Bittgebet verwandelt, in Bittgebet des Gottesvolkes. Wenn wir in dieser Beziehung zu Gott und zu seinem Volk stehen und die Gnade durch uns hindurchfließt, dann sind wir Priester, Mittler zwischen Gott und den Menschen.

Was ich hervorheben möchte, ist, dass wir stets die Gnade wieder aufleben lassen müssen und in jeder Bitte, manchmal unangebracht, manchmal rein materiell oder sogar banal – aber das ist es nur scheinbar – den Wunsch unserer Leute, mit dem duftenden Öl gesalbt zu werden, intuitiv erfassen müssen, denn sie wissen, dass wir es besitzen. Intuitiv erfassen und erspüren, wie der Herr die von Hoffnung erfüllte Qual der unter Blutungen leidenden Frau spürte, als sie den Saum seines Mantels berührte. Dieser Moment Jesu inmitten der Menschen, die sich von allen Seiten um ihn drängen, verkörpert die ganze Schönheit des priesterlich bekleideten Aarons mit dem Salböl, das auf seine Gewänder herabfließt. Es ist eine verborgene Schönheit, die nur für die von Glauben erfüllten Augen jener Frau erstrahlt, die an Blutungen litt. Selbst die Jünger – zukünftige Priester – vermögen nicht zu sehen, begreifen nicht: In der »existenziellen Peripherie« sehen sie nur die Äußerlichkeit der Menge, die sich von allen Seiten um Jesus drängt, so dass sie ihn beinahe erdrücken (vgl. Lk 8,42). Der Herr hingegen spürt die Kraft der göttlichen Salbung, die den Saum seines Mantels erreicht.

So müssen wir hinausgehen, um unsere Salbung zu erproben, ihre Macht und ihre erlösende Wirksamkeit: in den »Randgebieten«, wo Leiden herrscht, Blutvergießen; Blindheit, die sich danach sehnt zu sehen, wo es Gefangene so vieler schlechter Herren gibt. Es ist eben gerade nicht in den Selbsterfahrungen oder in den wiederholten Introspektionen, dass wir dem Herrn begegnen: Selbsthilfekurse können im Leben nützlich sein, doch unser Priesterleben zu verbringen, indem wir von einem Kurs zum anderen, von einer Methode zur anderen übergehen, das führt dazu, Pelagianer zu werden, die Macht der Gnade herunterzuspielen, die in dem Maß aktiv wird und wächst, in dem wir gläubig hinausgehen, um uns selbst zu verschenken und den anderen das Evangelium zu geben, das bisschen Salbung, das wir besitzen, denen zu schenken, die absolut gar nichts haben.

Der Priester, der wenig aus sich herausgeht, der wenig salbt – ich sage nicht »gar nicht«, denn, Gott sei Dank, entreißen die Leute uns die Salbung –, kommt um das Beste unseres Volkes, um das, was das Innerste seines Priesterherzens zu aktivieren vermag. Wer nicht aus sich herausgeht, wird, statt Mittler zu sein, allmählich ein Zwischenhändler, ein Verwalter. Wir kennen alle den Unterschied: Der Zwischenhändler und der Verwalter »haben bereits ihren Lohn«, und da sie ihre eigene Haut und ihr Herz nicht aufs Spiel setzen, empfangen sie keinen liebevollen Dank, der von Herzen kommt. Genau daher kommt die Unzufriedenheit einiger, die schließlich traurig, traurige Priester, und zu einer Art Antiquitäten- oder Neuheitensammler werden, anstatt Hirten mit dem »Geruch der Schafe« zu sein – das erbitte ich von euch: Seid Hirten mit dem »Geruch der Schafe«, dass man ihn riecht –, Hirten inmitten ihrer Herde und Menschenfischer. Es ist wahr, dass die so genannte Identitätskrise des Priesters uns alle bedroht und mit einer Kulturkrise einhergeht, doch wenn wir ihre Welle zu durchbrechen verstehen, werden wir im Namen des Herrn in See stechen und die Netze auswerfen können. Es ist gut, dass die Wirklichkeit selbst uns dazu führt, dorthin zu gehen, wo das, was wir aus Gnade sind, eindeutig als reine Gnade erscheint: in dieses Meer der heutigen Welt, wo allein die Salbung zählt – und nicht die Funktion – und die ausgeworfenen Netze sich allein im Namen dessen als fruchtbringend erweisen, auf den wir vertraut haben: Jesus.

Liebe Gläubige, seid euren Priestern nahe mit Zuneigung und mit Gebet, damit sie immer Hirten nach dem Herzen Gottes seien.

Predigt zur Chrisam-Messe am 28. März 2013

Das Neue macht uns immer ein wenig Angst, denn wir fühlen uns sicherer, wenn wir alles unter Kontrolle haben, wenn wir es sind, die unser Leben nach unseren Mustern, unseren Sicherheiten, nach unserem Geschmack aufbauen, programmieren und planen. Und das geschieht auch gegenüber Gott. Oft folgen wir ihm, nehmen ihn an, aber nur bis zu einem gewissen Punkt. Es fällt uns schwer, uns in vollem Vertrauen ihm hinzugeben und zuzulassen, dass der Heilige Geist die Seele unseres Lebens ist und die Führung über all unsere Entscheidungen übernimmt. Wir haben Angst, Gott könne uns neue Wege gehen lassen, uns herausführen aus unserem oft begrenzten, geschlossenen, egoistischen Horizont, um uns für seine Hori-

zonte zu öffnen. Doch in der gesamten Heils-
geschichte ist es so: Wenn Gott sich offenbart,
bringt er Neues – Gott bringt immer Neues –,
verwandelt und verlangt, dass man ihm völlig
vertraut: Noach baut eine von allen belächel-
te Arche und wird gerettet; Abraham verlässt
sein Land und hat nichts in der Hand als eine
Verheißung; Mose nimmt es mit der Macht des
Pharao auf und führt das Volk in die Freiheit;
die Apostel, die furchtsam im Abendmahlssaal
eingeschlossen waren, gehen mutig hinaus, um
das Evangelium zu verkünden. Es ist nicht die
Neuheit um der Neuheit willen, die Suche nach
dem Neuen, um die Langeweile zu überwinden,
wie es in unserer Zeit häufig geschieht. Die
Neuheit, die Gott in unser Leben bringt, ist das,
was uns tatsächlich verwirklicht, das, was uns
die wahre Freude schenkt, die wahre Gelassen-
heit, denn Gott liebt uns und will nur unser
Bestes. Fragen wir uns heute: Sind wir offen für
die »Überraschungen Gottes«? Oder verschließen wir uns ängstlich vor der Neuheit des Heiligen Geistes? Sind wir mutig, die neuen Wege
zu beschreiten, die die Neuheit Gottes uns an-
bietet, oder verteidigen wir uns, eingeschlossen
in vergängliche Strukturen, die ihre Aufnahme-

fähigkeit verloren haben? Es wird uns gut tun, diese Fragen im Tagesverlauf immer vor Augen zu haben.

Ein zweiter Gedanke: Dem Anschein nach schafft der Heilige Geist Unordnung in der Kirche, weil er die Unterschiedlichkeit der Charismen, der Gaben bringt, doch unter seinem Wirken ist all das ein großer Reichtum, denn der Heilige Geist ist der Geist der Einheit, was nicht Einförmigkeit bedeutet, sondern eine Rückführung von allem in die Harmonie. Die Harmonie bewirkt in der Kirche der Heilige Geist. Einer der Kirchenväter verwendet einen Ausdruck, der mir sehr gefällt: Der Heilige Geist »ipse harmonia est« – ist selbst die Harmonie. Nur er kann die Unterschiedlichkeit, die Pluralität, die Vielfalt erwecken und zugleich die Einheit bewirken. Auch hier gilt: Wenn wir selbst die Verschiedenheit schaffen wollen und uns in unseren Parteilichkeiten, in unseren Ausschließlichkeiten verschließen, führen wir in die Spaltung; und wenn wir selbst nach unseren menschlichen Plänen die Einheit herstellen wollen, schaffen wir letztlich die Einförmigkeit, die Schematisierung. Wenn wir uns hingegen vom Geist leiten lassen, führen Reichtum, Vielfältigkeit, Unterschiedlichkeit nie zum Konflikt, denn er bringt uns dazu, die Vielfältigkeit im Miteinander der Kirche zu leben. Das gemeinsame Unterwegssein in der Kirche unter der Führung der Hirten, die ein spezielles Charisma und Amt haben, ist ein Zeichen für das Wirken des Heiligen Geistes; die Kirchlichkeit ist ein grundsätzliches Merkmal für jeden Christen, für jede Gemeinschaft, für jede Bewegung. Die Kirche ist es, die mir Christus bringt und mich zu Christus führt; Parallelwege sind so gefährlich! Wenn man sich darauf einlässt, sich jenseits (proagon) der Lehre und der kirchlichen Gemeinschaft zu bewegen – wie der Apostel Johannes in seinem Zweiten Brief schreibt –, und nicht darin bleibt, ist man nicht mit dem Gott Jesu Christi verbunden (vgl. 2 Joh v. 9). Fragen wir uns also: Bin ich offen für die Harmonie des Heiligen Geistes, indem ich jegliche Ausschließlichkeit überwinde? Lasse ich mich von ihm leiten, indem ich in und mit der Kirche lebe?

Letzter Punkt. Die Theologen der frühen Kirche sagten: Die Seele ist eine Art Segelboot; der Heilige Geist ist der Wind, der in das Segel bläst, um das Boot voranzutreiben; die Triebkraft und der Schub des Windes sind die Gaben des Geistes. Ohne seinen Antrieb, ohne seine Gnade kommen wir nicht voran. Der Heilige Geist lässt uns in das Geheimnis des lebendigen Gottes eintreten und bewahrt uns vor der Gefahr einer gnostischen und einer selbstbezogenen, in ihr Gehege eingeschlossenen Kirche; er drängt uns, die Türen zu öffnen, um hinauszugehen, um das gute Leben des Evangeliums zu verkünden und zu bezeugen, um die Freude des Glaubens, der Begegnung mit Christus zu übertragen. Der Heilige Geist ist die Seele der Mission. Was in Jerusalem vor fast zweitausend Jahren geschah, ist kein weit von uns entferntes Ereignis, es ist etwas, das uns einholt, das in jedem von uns zur lebendigen Erfahrung wird. Das Pfingstereignis im Abendmahlssaal von Jerusalem ist der Anfang, ein Anfang, der sich über die Zeit hinzieht. Der Heilige Geist ist die Gabe schlechthin, die der auferstandene Christus seinen Aposteln schenkt, aber er möchte, dass sie alle erreicht. Wie wir im Evangelium gehört haben, sagt Jesus: »Ich werde den Vater bitten, und er wird euch einen anderen Beistand geben, der für immer bei euch bleiben soll« (Joh 14,16). Es ist der Paraklet, der »Tröster«, der den

Mut schenkt, die Straßen der Welt zu durch-
wandern und das Evangelium zu überbringen!
Der Heilige Geist lässt uns den Horizont erbli-
cken und drängt uns bis an die Peripherien des
Seins, um das Leben Jesu Christi zu verkünden.
Fragen wir uns, ob wir dazu neigen, uns in uns
selbst, in unserer Gruppe zu verschließen, oder
ob wir zulassen, dass der Heilige Geist uns für
die Mission öffnet. Merken wir uns diese drei
Wörter: Neuheit, Harmonie, Mission.

*Predigt zur Eucharistiefeier mit den
Kirchlichen Bewegungen am 19. Mai 2013*

Herr, zu wem sollen wir gehen? So fragen
wir hier als Glieder der Kirche von heute.
Mag dieser Satz in unserem Mund zunächst
noch zaghafter klingen als auf den Lippen des
Petrus: Wie beim Apostel kann allein die Person Jesu unsere Antwort sein. Gewiss, er lebte
vor zweitausend Jahren. Doch wir können ihm
noch in unseren Tagen begegnen, wenn wir auf
sein Wort hören und ihm auf einzigartige Weise
in der Eucharistie nahe sind; diese Feier nennt

ja das Zweite Vatikanische Konzil die »heilige Handlung, deren Wirksamkeit kein anderes Tun der Kirche an Rang und Maß erreicht« (Sacrosanctum Concilium 7). Dass die heilige Messe uns nur nicht verkümmert zu flacher Routine; dass wir nur ihre Tiefe immer besser ausschöpfen! Sie ist es ja, die uns in Christi gewaltiges Erlösungswerk einbezieht, die unser geistliches Auge für seine Liebe schärft: für seine Tatprophetie, mit der er im Abendmahlssaal seine Selbsthingabe am Kreuz begann; für seinen unwiderruflichen Sieg über Sünde und Tod, den wir in ihr voll Stolz und festlich verkünden. »Man soll die heilige Messe erleben lernen,« sagte der selige Johannes Paul II., als ihn eines Tages junge Leute in einem römischen Priesterseminar auf die tiefe Sammlung hin ansprachen, mit der er zelebrierte (Besuch im Pontificium Collegium Germanicum et Hungaricum 18.10.1981). »Die heilige Messe erleben lernen!« Dazu hilft uns als Hinführung das anbetende Verweilen vor dem eucharistischen Herrn im Tabernakel und der Empfang des Bußsakramentes.

Herr, zu wem sollen wir gehen? Diese Frage stellen sich schließlich manche Zeitgenossen, die – hellsichtig oder in dunkler Ahnung – den Vater Jesu Christi noch suchen. Ihnen will der Erlöser entgegenkommen durch uns, die wir durch die Taufe seine Brüder und Schwestern wurden und im eucharistischen Mahl die Kraft erhalten, seine Heilssendung mitzutragen. Mit unserem Leben und Wort ist ihnen zu verkünden, was wir mit Petrus und den Aposteln erkannt haben: Herr, du hast Worte des ewigen Lebens (Joh 6,68). Unser Zeugnis wird sie entzünden, so wie wir von Christus entzündet wurden. Wir alle, Bischöfe, Priester und Diakone, Ordensleute und Laien, haben den Auftrag, Gott zur Welt und die Welt zu Gott zu bringen.

Botschaft zum Nationalen Eucharistischen Kongress für die Kirche in Deutschland am 30. März 2013

Die Armut als Überwindung jedes Egoismus in der Logik des Evangeliums, das lehrt, auf die Vorsehung Gottes zu vertrauen. Armut als Hinweis an die ganze Kirche, dass nicht wir das Reich Gottes aufbauen, dass es nicht die menschlichen Mittel sind, die es wachsen lassen, sondern dass in erster Linie die Macht, die Gnade des Herrn durch unsere Schwachheit wirkt. »Meine Gnade genügt dir; denn sie erweist ihre Kraft in der Schwachheit«, sagt der Völkerapostel (2 Kor 12,9). Armut, die Solidarität, Teilen und Nächstenliebe lehrt und die immer auch in einer Nüchternheit und Freude über das Wesentliche zum Ausdruck kommt, um vor den materiellen Götzen zu warnen, die den echten Sinn des Lebens verdunkeln: Armut, die man bei den Geringen, den Armen, den Kranken lernt und bei allen, die sich in den existenziellen Randgebieten des Lebens befinden. Wir können keine theoretische Armut gebrauchen. Armut lernt man, indem man den Leib des armen Christus berührt, in den Geringen, in den Armen, in den Kranken, in den Kindern.

Ansprache an die Teilnehmer der
Vollversammlung der Internationalen Vereinigung
der Generaloberinnen (U.I.S.G) am 8. Mai 2013

Die Kirche liebt euch! Seid eine aktive Gegenwart in der Gemeinde als Zellen voller Leben, als lebendige Steine. Die lateinamerikanischen Bischöfe haben geschrieben, dass die Volksfrömmigkeit, deren Ausdruck ihr seid, »eine legitime Weise ist, den Glauben zu leben, eine Art, sich als Teil der Kirche zu fühlen« (Dokument von Aparecida, 264). Das ist schön! Eine legitime Weise ist, den Glauben zu leben, eine Art, sich als Teil der Kirche zu fühlen. Liebt die Kirche! Lasst euch von ihr führen! Seid in den Pfarreien, in den Diözesen eine wahre »Lunge« des Glaubens und des christlichen Lebens, ein frischer Wind! Ich sehe auf diesem Platz eine große Vielfalt, zuerst der Regenschirme und jetzt der Farben und Zeichen. So ist die Kirche: eine große und reiche Vielfalt an Ausdrucksformen, in denen alles auf die Einheit zurückgeführt wird; die Vielfalt wird auf die Einheit zurückgeführt, und die Einheit ist die Begegnung mit Christus.

Predigt zur Eucharistiefeier am Tag der Bruderschaften und der Volksfrömmigkeit am 5. Mai 2013

Bleibt unerschütterlich auf dem Weg des Glaubens mit der festen Hoffnung auf den Herrn. Darin liegt das Geheimnis unseres Weges! Er gibt uns den Mut, gegen den Strom zu schwimmen. Es gibt keine Schwierigkeiten, Drangsale, Verständnislosigkeiten, die uns Angst machen müssen, wenn wir mit Gott verbunden bleiben wie die Rebzweige mit dem Weinstock, wenn wir die Freundschaft mit ihm nicht verlieren, wenn wir ihm immer mehr Raum geben in unserem Leben. Das gilt auch und vor allem, wenn wir uns arm, schwach und als Sünder fühlen, denn Gott schenkt unserer Schwachheit Kraft, unserer Armut Reichtum, unserer Sünde Bekehrung. Haben wir Vertrauen in das Handeln Gottes! Mit ihm können wir große Dinge tun; er wird uns die Freude spüren lassen, seine Jünger, seine Zeugen zu sein.

Neuheit Gottes, Drangsal im Leben, unerschütterlich im Herrn. Liebe Freunde, reißen wir die Tür unseres Lebens auf für die Neuheit Gottes, die der Heilige Geist uns schenkt, damit sie uns verwandelt, uns in den Drangsalen stärkt und unsere Verbindung mit dem Herrn, unser unerschütterliches Ausharren in ihm festige: Das wird eine wahre Freude sein! Amen.

Predigt zur heiligen Messe mit Firmungen am 28. April 2013

Die Verkündigung des Petrus und der Apostel besteht nicht nur aus Worten, sondern die Treue zu Christus geht ihr Leben selbst an; es wird verändert, erhält eine neue Richtung, und gerade mit ihrem Leben geben sie für den Glauben und die Verkündigung Christi Zeugnis. Im Evangelium beauftragt Jesus den Petrus dreimal, seine Herde zu weiden, sie mit seiner Liebe zu weiden, und er weissagt ihm: »Wenn du aber alt geworden bist, wirst du deine Hände ausstrecken und ein anderer wird dich gürten und dich führen, wohin du nicht willst« (Joh 21,18). Das ist ein Wort, das vor allem an uns Hirten gerichtet ist: Man kann die Herde Gottes nicht weiden, wenn man nicht akzeptiert, vom Willen Gottes auch dahin geführt zu werden, wo man nicht will, wenn man nicht bereit ist, Christus mit der Hingabe des eigenen Selbst ohne Einschränkungen und ohne Berechnungen zu bezeugen, manchmal auch um den Preis des eigenen Lebens. Doch dies gilt für alle: Das Evangelium muss verkündet und bezeugt werden. Jeder müsste sich fragen: Wie bezeuge ich Christus mit meinem Glauben? Habe ich den Mut Petri und der anderen Apostel, als Christ zu denken, zu entscheiden und zu leben, indem ich Gott gehorche? Gewiss, das Zeugnis für den Glauben kennt viele Formen, wie es in einem großen Gemälde die Vielfalt der Farben und der Schattierungen gibt; aber alle sind wichtig, auch diejenigen, die nicht augenfällig sind. Im großen Plan Gottes ist jedes Detail wichtig, auch dein, auch mein kleines demütiges Zeugnis, auch das verborgene dessen, der in Einfachheit seinen Glauben im Alltag der Beziehungen in Familie, Arbeit und Freundschaft lebt. Es gibt die Heiligen des Alltags, die »verborgenen« Heiligen, eine Art »Mittelklasse der Heiligkeit« – wie ein französischer Autor gesagt hat –, diese »Mittelklasse der Heiligkeit«, zu der wir alle gehören können. Doch in verschiedenen Teilen der Welt gibt es auch die, welche wie Petrus und die Apostel für das Evangeliums leiden; die ihr Leben hingeben, um Christus treu zu bleiben, und dieses Zeugnis mit ihrem Blut bezahlen. Erinnern wir uns alle gut daran: Man kann das Evangelium Jesu nicht ohne das konkrete Lebenszeugnis verkünden. Wer uns hört und uns sieht, muss in unserem Tun das lesen können, was er aus unserem Mund hört, und Gott die Ehre geben! Da kommt mir jetzt ein Rat in den Sinn, den der heilige Franziskus von Assisi

seinen Mitbrüdern gab: »Verkündet das Evangelium und, sollte es nötig sein, auch mit Worten!«
Verkünden mit dem Leben: Zeugnis geben. Die
Inkohärenz der Gläubigen und der Hirten zwischen dem, was sie sagen, und dem, was sie tun,
zwischen dem Wort und der Lebensweise unter-
gräbt die Glaubwürdigkeit der Kirche.

Doch all das ist nur möglich, wenn wir Jesus
Christus erkennen, denn er ist es, der uns gerufen hat, der uns eingeladen hat, seinen Weg
zu gehen, der uns erwählt hat. Zu verkünden
und zu bezeugen ist nur möglich, wenn wir ihm
nahe sind, genauso wie Petrus, Johannes und
die anderen Jünger im heutigen Evangelium
(vgl. Joh 21,1-19) sich um den auferstandenen
Jesus scharen; es gibt eine alltägliche Nähe zu
ihm, und sie wissen genau, wer er ist, sie kennen ihn. Der Evangelist betont, dass »keiner von
den Jüngern wagte, ihn zu fragen: Wer bist du?
Denn sie wussten, dass es der Herr war« (Joh
21,12). Und das ist ein wichtiger Punkt für uns:
eine intensive Beziehung zu Jesus zu leben, eine
Vertrautheit im Gespräch und im Leben, so dass
man ihn als »den Herrn« erkennt – ihn anbetet.
Der Abschnitt aus der Offenbarung des Johannes, den wir gehört haben, spricht uns von der

Anbetung: Die zehntausendmal zehntausend und tausendmal tausend Engel, alle Geschöpfe, die Lebewesen und die Ältesten fallen anbetend nieder vor dem Thron Gottes und vor dem geopferten Lamm Christus, dem Lob, Ehre und Herrlichkeit gebührt (vgl. Offb 5,11-14). Ich möchte, dass wir alle uns eine Frage stellen: Du, ich, beten wir den Herrn an? Gehen wir zu Gott nur um zu bitten, zu danken, oder gehen wir auch zu ihm, um ihn anzubeten? Was bedeutet denn, Gott anzubeten? Es bedeutet zu lernen, wie wir bei ihm verweilen und innehalten können, um mit ihm zu sprechen und dabei zu spüren, dass seine Gegenwart die wahrste, beste und wichtigste von allen ist. Jeder von uns hat in seinem Leben bewusst und vielleicht manchmal unbewusst eine ganz genaue Reihenfolge der Dinge, die er für mehr oder weniger wichtig hält. Den Herrn anzubeten bedeutet, ihm den Platz zu geben, der ihm gebührt. Den Herrn anzubeten bedeutet, zu sagen und zu glauben – aber nicht nur mit Worten –, dass er allein wirklich unser Leben lenkt. Den Herrn anzubeten bedeutet, dass wir vor ihm die Überzeugung gewinnen, dass er der einzige Gott, der Gott unseres Lebens, der Gott unserer Geschichte ist.

Das hat eine Konsequenz in unserem Leben: uns der vielen kleinen und großen Götzen zu entäußern, die wir haben und zu denen wir Zuflucht nehmen, in denen wir unsere Sicherheit suchen und diese häufig auf sie setzen. Es sind Götzen, die wir oft gut versteckt halten; es kann Ehrgeiz sein, Karrieremacherei, Freude am Erfolg, sich selbst ins Zentrum zu setzen, die Neigung, sich gegen andere durchzusetzen, die Anmaßung, die einzigen Herren unseres Lebens zu sein, irgendeine Sünde, an der wir hängen, und vieles andere. Heute Abend möchte ich, dass eine Frage im Herzen eines jeden von uns aufsteige und dass wir sie ehrlich beantworten: Habe ich darüber nachgedacht, welchen verborgenen Götzen ich in meinem Leben habe, der mich daran hindert, den Herrn anzubeten? Anbeten bedeutet, uns unserer Götzen zu entäußern, auch der heimlichsten, und den Herrn als Mitte, als den Leitweg unseres Lebens zu wählen.

Predigt zur Eucharistiefeier in der Papstbasilika
St. Paul vor den Mauern am 14. April 2013

Die Menschheit erlebt derzeit so etwas wie einen Wendepunkt ihrer Geschichte, wenn man die Fortschritte in verschiedenen Bereichen betrachtet. Die positiven Resultate, die zum echten Wohlergehen der Menschheit beitragen, sind zu loben, so zum Beispiel in den Bereichen Gesundheit, Bildungswesen und Kommunikation. Dennoch muss man auch sehen, dass der größte Teil der Männer und Frauen unserer Zeit mit verhängnisvollen Konsequenzen weiterhin in tagtäglicher Prekarität lebt. Einige Pathologien nehmen zu, mit ihren psychologischen Konsequenzen; Angst und Verzweiflung erfassen die Herzen vieler Menschen auch in den sogenannten reichen Ländern; die Lebensfreude nimmt ab; Dreistigkeit und Gewalt nehmen zu; die Armut wird sichtbarer. Man muss kämpfen, um zu leben, und häufig, um nicht einmal würdevoll zu leben. Eine der Ursachen für diese Situation ist meiner Ansicht nach in der Beziehung zu finden, die wir zum Geld haben, indem wir seine Herrschaft über uns und unsere Gesellschaft akzeptieren. So lässt uns die Finanzkrise, die wir gerade erleben, deren eigentlichen Ursprung vergessen: eine tiefe anthropologische Krise – die Negation des Primats des

Menschen! Wir haben neue Götzen geschaffen. Die Anbetung des alten goldenen Kalbes (vgl. Ex 32,15−34) hat ein neues und grausames Bild gefunden im Fetischismus des Geldes und in der Diktatur der gesichtslosen Wirtschaft ohne wirklich menschliche Ziele und Zwecke. Die globale Krise, von der Finanz und Wirtschaft betroffen sind, scheint deren Deformierung und vor allem das schwerwiegende Fehlen ihrer anthropologischen Perspektive ins Licht zu rücken, die den Menschen auf ein einziges Bedürfnis reduziert: den Konsum. Und schlimmer noch, heute wird der Mensch selbst als Konsumgut betrachtet, das man benutzen und wegwerfen kann. Wir haben diese Wegwerfkultur begonnen.

Dieser Irrweg ist auf individueller und gesellschaftlicher Ebene anzutreffen; und er wird gefördert! In diesem Kontext wird die Solidarität, die der Schatz der Armen ist, häufig als kontraproduktiv betrachtet, als Widerspruch zur finanziellen und wirtschaftlichen Rationalität. Während das Einkommen einer Minderheit exponentiell ansteigt, vermindert sich das Einkommen der Mehrheit. Dieses Ungleichgewicht entspringt Ideologien, die die absolute Autonomie der Märkte und der Finanzspekulation unterstützen und so den Staaten das Recht der Kontrolle verweigern, obwohl diese doch die Aufgabe haben, für das Gemeinwohl zu sorgen. Es wird eine neue unsichtbare, zuweilen virtuelle Tyrannei geschaffen, die einseitig und ohne mögliche Abhilfe ihre Gesetze und Regeln oktroyiert. Außerdem entfernen Verschuldung und Kredite die Länder von ihrer realen Wirtschaft und die Bürger von ihrer realen Kaufkraft. Hinzu kommen vor allem eine sich rasch ausbreitende Korruption und eine egoistische Steuerhinterziehung, die globale Dimensionen angenommen haben. Macht- und Besitzgier sind unbegrenzt geworden.

Hinter dieser Haltung verbirgt sich die Zurückweisung der Ethik, die Ablehnung Gottes. Genau wie die Solidarität, so stört auch die Ethik! Sie wird als kontraproduktiv angesehen: als zu menschlich, weil sie Geld und Macht relativiert; als eine Bedrohung, weil sie Manipulation und Unterwerfung des Menschen zurückweist. Weil die Ethik zu Gott führt, der außerhalb der Kategorien des Marktes steht. Gott wird von diesen Finanzmännern, Wirtschaftsfachleuten und Politikern als nicht beherrschbar angesehen, Gott als nicht beherrschbar, oder sogar als gefährlich, weil er den Menschen zu seiner vollen Verwirklichung und zur Unabhängigkeit von jeglicher Art der Versklavung ruft. Die Ethik – eine nicht ideologische Ethik natürlich – erlaubt meines Erachtens nach die Schaffung eines menschlicheren Gleichgewichts und einer menschlicheren gesellschaftlichen Ordnung. In dieser Hinsicht ermutige ich die Finanzexperten und Regierenden Ihrer Länder, die Worte des hl. Johannes Chrysostomus zu beherzigen: »Den eigenen Besitz nicht mit den Armen zu teilen, heißt sie zu bestehlen und ihnen das Leben zu nehmen. Denn es sind nicht unsere Güter, die wir besitzen, sondern die ihren« (Homilie über Lazarus, 1,6; PG 48,992D).

Es wäre wünschenswert, eine Finanzreform umzusetzen, die ethisch ist und die ihrerseits eine Wirtschaftsreform hervorbringt, die allen dient. Das allerdings würde eine mutige Haltungsänderung bei den führenden Politikern voraussetzen. Ich fordere sie auf, diese Herausforderung entschlossen und mit Weitblick anzunehmen, sicherlich unter Berücksichtigung der Besonderheiten des jeweiligen Kontexts. Geld soll dienen und nicht herrschen! Der Papst liebt alle, Reiche und Arme; aber der Papst hat die Pflicht, im Namen Christi den Reichen daran zu erinnern, dass er dem Armen helfen muss, ihn respektieren und ihn fördern muss. Der Papst ruft zur uneigennützigen Solidarität und zu einer Rückkehr der Ethik zugunsten des Menschen in der Finanz- und Wirtschaftswelt auf.

Die Kirche ihrerseits wirkt immer für die ganzheitliche Entwicklung jedes Menschen. In diesem Sinne erinnert sie daran, dass das Gemeinwohl nicht ein bloßer Zusatz, eine bloße weniger wertvolle Idee ist, die in die politischen Programme eingefügt wird. Die Kirche ermutigt die Regierenden, sich wirklich in den Dienst am Gemeinwohl ihrer Bevölkerung zu stellen. Ich ermahne die Führungskräfte der Finanzwelt, Ethik und Solidarität zu berücksichtigen. Und warum sollten sie sich nicht an Gott wenden, um die eigenen Pläne zu inspirieren? So wird sich eine neue politische und ökonomische Mentalität herausbilden, die dazu beitragen wird, die absolute Dichotomie zwischen der ökonomischen und der sozialen Sphäre in ein gesundes Zusammenleben zu verwandeln.

Ansprache an die neuen, am Heiligen Stuhl akkreditierten Botschafter aus Kirgisistan, Antigua und Barbuda, Luxemburg und Botswana am 16. Mai 2013

Lasst uns Hüter
der Schöpfung sein

Wir dürfen keine Angst haben
vor der Güte,
ja, nicht einmal
vor der Zärtlichkeit!

Predigt in der Messe zu Beginn des Petrusdienstes
am 19. März 2013

Der Daumen nach oben für eine neue Kirche: Das Markenzeichen von Papst Franziskus steht für unkonventionelle, schlichte Barmherzigkeit und Liebe (27. März 2013).

Wenn von Umwelt, von der Schöpfung, die Rede ist, dann gehen meine Gedanken zu den ersten Seiten der Bibel, zum Buch Genesis, wo es heißt, dass Gott den Mann und die Frau auf die Erde stellt, damit sie sie bebauen und hüten (vgl. 2,15). Und mir kommen die Fragen: Was bedeutet es, die Erde zu bebauen und zu hüten? Bebauen und hüten wir die Schöpfung wirklich? Oder vernachlässigen wir sie und beuten sie aus?

Beim Verb »bebauen« kommt mir die Sorgfalt in den Sinn, mit der der Landwirt seinen Acker bestellt, damit er Frucht trägt und diese Frucht geteilt werden kann: wie viel Fürsorge, Leidenschaft und Hingabe! Die Schöpfung bebauen und hüten: Diese Weisung gab Gott nicht nur am Anfang der Geschichte, sondern sie gilt einem jeden von uns. Sie gehört zu seinem Plan; es bedeutet, die Welt verantwortungsvoll wachsen zu lassen, sie in einen Garten zu verwandeln, in einen bewohnbaren Ort für alle. Benedikt XVI. hat uns oft daran erinnert, dass diese Aufgabe, die Gott, der Schöpfer, uns anvertraut hat, es verlangt, den Rhythmus und die Logik der Schöpfung zu verstehen. Wir dagegen sind oft vom Hochmut des Herrschens, des Besit-

zens, des Manipulierens, des Ausbeutens gelei-
tet; wir »hüten« sie nicht, wir achten sie nicht,
wir betrachten sie nicht als unentgeltliches
Geschenk, für das wir Sorge tragen müssen.
Wir verlieren die Haltung des Staunens, der Betrachtung, des Hörens auf die Schöpfung; und
so können wir darin nicht mehr das erkennen,
was Benedikt XVI. »den Rhythmus der Liebes-
geschichte Gottes mit dem Menschen« nennt.
Warum passiert das? Weil wir horizontal denken und leben, uns von Gott entfernt haben,
seine Zeichen nicht erkennen.

Das »Bebauen und Hüten« umfasst jedoch nicht
nur die Beziehung zwischen uns und der Umwelt, zwischen dem Menschen und der Schöpfung, sondern es betrifft auch die zwischen-
menschlichen Beziehungen. Die Päpste haben
von der Ökologie des Menschen gesprochen, die
eng mit der Ökologie der Umwelt verbunden ist.
Wir durchleben gerade einen Augenblick der
Krise; das sehen wir in der Umwelt, aber vor allem sehen wir es im Menschen. Der Mensch ist
gefährdet: Das ist sicher, der Mensch ist heute
gefährdet, daher die Dringlichkeit der Ökologie
des Menschen! Und die Gefahr ist groß, denn
die Ursache des Problems ist nicht oberfläch-

lich, sondern sitzt tief: Es ist nicht nur eine Frage der Wirtschaft, sondern der Ethik und der Anthropologie. Die Kirche hat das oft hervorgehoben. Und viele sagen: Ja, das stimmt, das ist wahr ..., aber das System geht weiter wie zuvor, denn was herrscht, sind die Dynamiken einer Wirtschaft und einer Finanz, denen es an Ethik mangelt. Heute gebietet nicht der Mensch, sondern das Geld, das Geld regiert. Und Gott, unser Vater, hat nicht dem Geld die Aufgabe erteilt, die Erde zu hüten, sondern uns: den Männern und Frauen.

Wir haben diese Aufgabe! Stattdessen werden Männer und Frauen den Götzen des Profits und des Konsums geopfert: Das ist die »Wegwerfkultur«. Wenn ein Computer kaputtgeht, ist es eine Tragödie, aber die Armut, die Nöte, die Dramen vieler Menschen werden am Ende zur Normalität. Wenn zum Beispiel in einer Winternacht, hier ganz in der Nähe, in der »Via Ottaviano«, ein Mensch stirbt, dann macht es keine Schlagzeilen. Wenn es in vielen Teilen der Welt Kinder gibt, die nichts zu essen haben, dann macht das keine Schlagzeilen, sondern scheint normal zu sein. Das darf nicht so sein! Und doch gehören diese Dinge zur Normalität: dass einige obdachlose Menschen auf der Straße erfrieren, macht keine Schlagzeilen. Ein Verlust von zehn Punkten an den Börsen einiger Städte dagegen stellt eine Tragödie dar. Einer, der stirbt, macht keine Schlagzeilen, wenn aber die Börsen um zehn Punkte fallen, ist es eine Tragödie! So werden Menschen weggeworfen, als seien sie Abfall.

Diese »Wegwerfkultur« wird zur allgemeinen Denkweise, die alle ansteckt. Das menschliche Leben, der Mensch wird nicht mehr als oberster Wert empfunden, der geachtet und geschützt werden muss, besonders wenn er arm oder behindert ist, wenn er noch keinen Nutzen hat – wie das ungeborene Kind – oder wenn er keinen Nutzen mehr hat – wie der ältere Mensch. Diese Wegwerfkultur hat uns auch unempfindlich gemacht gegenüber der Verschwendung und dem Wegwerfen von Lebensmitteln, was noch verwerflicher ist, wenn leider überall auf der Welt viele Personen und Familien hungern und an Unterernährung leiden. Einst haben unsere Großeltern sehr darauf geachtet, keine übrig gebliebene Nahrung wegzuwerfen. Durch das Konsumdenken haben wir uns an den Überfluss und an die tägliche Verschwendung von Nahrung gewöhnt, der wir manchmal nicht mehr den richtigen Wert zuordnen können, der weit über wirtschaftliche Maßstäbe hinausgeht. Wir sollten jedoch stets daran denken, dass Nahrung, die weggeworfen wird, gleichsam vom Tisch des Armen, des Hungrigen geraubt wird! Ich lade alle ein, über das Problem des Verderbens und der Verschwendung von Nahrung nachzudenken, um Wege und Mittel zu finden, die, wenn man dieses Problem ernsthaft angeht, Ausdruck der Solidarität und des Teilens mit den Notleidenden sein sollen.

Vor wenigen Tagen, am Hochfest Fronleichnam, haben wir den Bericht über das Brotwunder gelesen: Jesus gibt der Menge zu essen mit fünf Broten und zwei Fischen. Und der Schluss des Abschnitts ist wichtig: »Alle aßen und wurden satt. Als man die übrig gebliebenen Brotstücke einsammelte, waren es zwölf Körbe voll« (Lk 9,17). Jesus bittet die Jünger, dass nichts verloren gehen möge: Nichts darf weggeworfen werden! Und da sind diese zwölf Körbe: warum zwölf? Was bedeutet das? Zwölf ist die Zahl der Stämme Israels, sie steht symbolisch für das ganze Volk. Und das sagt uns: Wenn die Nahrung gerecht geteilt wird, mit Solidarität, entbehrt niemand das Notwendigste, kann jede

Gemeinschaft der Not der Armen entgegenkommen. Ökologie des Menschen und Ökologie der Umwelt gehen Hand in Hand.

Ich möchte also, dass wir alle uns ernsthaft bemühen, die Schöpfung zu achten und zu hüten, jedem Menschen Aufmerksamkeit zu schenken, der Kultur des Verschwendens und des Wegwerfens entgegenzuwirken, um eine Kultur der Solidarität und der Begegnung zu fördern. Danke.

Ansprache zur Generalaudienz am 5. Juni 2013